DAS KOCHBUCH
DER NATIONALMANNSCHAFT

HOLGER STROMBERG

INHALT

LEGENDE

Die Zutatenmengen in den Rezepten im hinteren Teil des Buchs sind meist auf vier Personen ausgelegt. Die angegebenen Kalorien- und Nährstoffwerte beziehen sich auf eine Portion.

Beispiel:

**4 PORTIONEN, 1 PORTION 630 kcal
EW 22 g, F 44 g, KH 36 g**

LIEBER LESER, LIEBER FAN,

als ich vor einigen Jahren zur Nationalmannschaft stieß, hatte ich vorher schon durch meinen Beruf mit vielen prominenten und außergewöhnlichen Menschen zu tun gehabt, die meine Art zu kochen geschätzt hatten. Trotzdem war ich mir zu Beginn nicht ganz sicher, ob auch die jungen Fußballstars meine Küche und Philosophie annehmen würden. Um so schöner war es zu sehen, wie dies nach einiger Zeit geschah, und ich stellte eine große Bereitschaft zur Veränderung der eigenen Ernährungsgewohnheiten fest. Die Tipps und Empfehlungen aus meinem Fachbereich als Ernährungscoach, die ich im Lauf der Zeit an unsere Spieler weitergegeben habe, möchte ich jetzt auch allen anderen Fußball- und Sportbegeisterten weitergeben.

Für die Spieler der Deutschen Fußballnationalmannschaft ist es von überragender Bedeutung, wie sie sich ernähren. Denn neben dem täglichen Training schlägt sich alles, was sie essen und trinken, in ihrer Leistungs- und Konzentrationsfähigkeit und damit in ihren sportlichen Erfolgen nieder. Die meisten Ernährungsempfehlungen aus dem Profi- und Fußballbereich können selbstverständlich auch Hobbysportler und alle, die sich gerne bewegen, beherzigen. So lassen sich typische Ernährungsfallen im normalen Alltag, in der Schule wie im Beruf vermeiden, die es modernen jungen wie älteren Menschen oft schwer machen, fit und gesund zu bleiben.

Taktik und Fitness im sportlichen Bereich sind bereits umfassend erforscht und bedacht, und nach wie vor liegt ein Hauptaugenmerk von Trainern und Beratern auf diesen Fundamenten. Doch sind sie wirklich allein entscheidend, ob ein Spieler großartige Leistungen erbringt und dabei gesund bleibt? Die Ernährung rückt langsam aber sicher auch in den Fokus moderner Trainingsansätze, und es ist wissenschaftlich erwiesen, dass Essen und Trinken eine ebenso tragende Säule der Leistungsfähigkeit und Gesundheit sind wie körperliches Training und Bewegung im Alltag im Allgemeinen.

In diesem Buch habe ich die wichtigsten Fakten zusammengefasst – für euch als Hobbyfußballer, als Eltern von Fußballkindern, als Trainer eines kleineren Vereins und für alle anderen, die sich für dieses spannende Thema interessieren. So entwickelt sich jeder Leser selbst zum Ernährungsexperten und kann auch Sportfreunde und Kollegen zu einem gesünderen Lebensstil motivieren. Mit den leckeren Rezepten könnt ihr zudem euren individuellen Alltag genussreicher gestalten.

Auf den nächsten Seiten findet ihr alles, was ihr dazu wissen müsst – kompakt, übersichtlich, mit vielen leckeren Rezepten für jeden Tag und Ideen für Mitnehm-Mahlzeiten.

Viel Spaß mit diesem Buch & tolle Ergebnisse

ERNÄHRUNG UND SPORT

ERNÄHRUNG UND SPORT

„Wenn man jeden Tag darauf achtet, was man isst, was man trinkt, wie man lebt, dann zahlt sich das aus." Miroslav Klose

Ohne Essen geht es nicht – das ist klar. Aber können wir durch unsere Ernährung tatsächlich unsere sportlichen Leistungen beeinflussen? Die Antwort ist ein eindeutiges Ja, denn es ist nicht egal, was wir zu uns nehmen: Nur mit einer ausgewogenen, abwechslungsreichen und qualitativ hochwertigen Ernährung geben wir unserem Körper den vielseitigen Mix an Vitalstoffen, den er braucht, um all seine komplexen Funktionen erfüllen zu können. Durch eine einseitige Ernährung entsteht früher oder später ein Mangel, der nicht nur Schlappheit und Müdigkeit – die Feinde der Fitness – hervorrufen kann, sondern auch ernsthafte Krankheiten.

Stellt es euch einfach vor wie bei eurem Auto: Das braucht auch das passende Benzin und das entsprechende Öl, damit es wie geschmiert läuft. Würdet ihr Heizöl einfüllen, begänne der Motor schnell zu stottern und zu streiken. Und wie das richtige Benzin und Öl beim Auto der Energielieferant für das Fahren sind, so liefern die Lebensmittel die Energie für unseren Körper. Und die ist nicht nur für den Sport unverzichtbar, sondern auch für den Alltag, für Freizeit und Beruf.

Sich gesund und ausgewogen zu ernähren, ist gar nicht schwierig – und übrigens auch nicht teuer –, wenn man weiß, worauf es ankommt. Als ich 2007 Koch der Deutschen Nationalmannschaft wurde, kamen dort nur etwa 5 Prozent Vollkornprodukte auf den Tisch. Heute sind es rund 90 Prozent, und die Spieler fragen mich, wo denn die Vollkornnudeln bleiben, wenn ich ausnahmsweise mal helle Pasta serviere. Das tun sie nicht nur, weil sie zu den besten Fußballern der Welt gehören, in deren Eigeninteresse es liegt, für die eigene Fitness zu sorgen, damit sie Tore für ihr Land schießen können (immerhin für eine der fußballverrücktesten Nationen der Welt – und eine der besten!), das tun sie vor allem, weil es ihnen schmeckt.

Denn das ist ganz wichtig: Sich auf Dauer für den eigenen Organismus fit zu ernähren, funktioniert nur, wenn das Essen auch schmeckt. Essen ist schließlich viel mehr als Nahrungsaufnahme und Energienachfüllen: Es ist eine Freude und ein Genuss, ja sogar ein Hochgenuss. Dass dieser individuell sehr unterschiedlich sein kann, erlebe ich ständig mit unseren Spielern: 23 Profis haben 23 und mehr Lieblingsgerichte, der eine mag gern Fleisch, der andere lieber Fisch oder Gemüse und mancher hat einen süßen Zahn, der auch zum Zug kommen will. Klingt kompliziert, ist aber überhaupt kein Problem, weil es so viele le-

Laufen die Spieler zu wichtigen Spielen auf, sind sie perfekt vorbereitet – auf den Punkt trainiert und dank ausgeklügeltem Ernährungsplan auch mit maximalen Energiereserven ausgestattet.

ckere Lebensmittel gibt, die jeder vielseitig und individuell zusammenstellen kann. Meine Rezepte sollen dabei als Beispiele und Anregungen dienen.

Zunächst jedoch schauen wir, was der Körper beim Sport mit unserem Essen macht und aus welchen Grundbausteinen die Nahrung besteht. Der Zeitpunkt, wann wir was vor oder nach dem Training zu uns nehmen, kann mitunter sogar spielentscheidend sein. Mit diesem Hintergrundwissen wird euch eine Umstellung eurer Ernährung in Richtung Fitness leichtfallen, und nach einer Weile der Gewöhnung werdet ihr nicht mehr anders essen wollen: weil es gut tut und weil es schmeckt – egal, ob und wie intensiv ihr euch sportlich betätigt.

WAS NÄHRSTOFFE FÜR DIE FITNESS BRINGEN

Um einwandfrei im Alltag und in der Freizeit zu funktionieren, benötigt unser Körper bestimmte Nährstoffe. Das sind in größeren Mengen Kohlenhydrate, Eiweiß und Fette als Grundbaustoffe sowie in kleineren bis winzigen Mengen Vitamine, Mineralien und Spurenelemente als Vitalstoffe. Sie werden vom Stoffwechsel, der „Chemiefabrik" des Organismus, so umgebaut, dass daraus Zellen, Gewebe, Muskeln und Knochen aufgebaut und repariert werden, dass Energie entsteht, die unser

Probiert es einmal aus und spürt beim Essen die Unterschiede ganz deutlich selber: Wenn ihr Heißhunger habt und in einen Schokoriegel beißt, fühlt ihr schon ganz kurz danach eine neue Frische und Konzentration. Denn Vollmilchschokolade besteht – wie der bei vielen Sportlern beliebte Traubenzucker (Glukose) – aus Einfachzuckern, die fast sofort ins Blut gehen und dem Organismus als Energie zur Verfügung stehen. Allerdings hält dieser Effekt nicht lange an, denn das Hormon Insulin wird ausgeschüttet, um das Übermaß an Nährstoffen und Zucker im Blut zu bewältigen. Der Blutzuckerspiegel sinkt schon bald wieder deutlich ab und Schlappheit und Müdigkeit drohen bzw. das Bedürfnis nach neuer Energie, sprich neuem Zucker wächst nach kurzer Zeit wieder.

Für höchste Konzentration und Sprintfähigkeiten muss der Kohlenhydratspeicher immer gut gefüllt sein. Philipp Lahm gibt auch hier ein gutes Vorbild ab und gehört zu den Diszipliniertesten in punkto Ernährung.

Gehirn, den größten „Energiefresser", versorgt ebenso wie die Muskeln und damit der Atmung und dem Herzschlag zur Verfügung steht. Sie ermöglicht uns kurze kleine Bewegungen ebenso wie lange Dauerläufe. Außerdem sind Nährstoffe wichtig fürs Immunsystem und sorgen dafür, dass Botenstoffe im Körper hin- und herflitzen können, um bewusste und unbewusste Abläufe zu steuern. All das ist nur ein kleiner Ausschnitt der zahllosen hochkomplexen Prozesse, die in unserem Körper ablaufen und für die er die unterschiedlichen Inhaltsstoffe aus unserer Nahrung braucht. In einer ausgewogenen Ernährung sind sie ausreichend enthalten, sodass wir keine künstlichen Nährstoffe, sogenannte Nahrungsergänzungsmittel, einnehmen müssen (siehe S. 22). Dabei kommt es – außer bei Sportlern im Wettkampf – nicht darauf an, dass jedes einzelne Gericht ausgewogen zusammengestellt ist, sondern dass der Mix über die Woche gesehen stimmt. Damit alles optimal läuft, empfehlen Wissenschaftler für Breitensportler täglich:

- 40 bis 45 Prozent Kohlenhydrate
- 30 Prozent Fette
- 25 bis 30 Prozent Eiweiß

Menschen, die sehr viel Sport treiben, verbrauchen dabei deutlich mehr Energie. Für sie verschieben sich die Werte etwas:

- 50 bis 60 Prozent Kohlenhydrate
- 25 bis 30 Prozent Fette
- 15 bis 20 Prozent Eiweiß

Dabei benötigen Ausdauersportler insgesamt mehr Kohlenhydrate und Kraftsportler mehr Eiweiß.

Kohlenhydrate – die schnelle Energiequelle

Die Muskeln und vor allem unser Gehirn lieben sie: Kohlenhydrate sind in Müsli, Brot, Nudeln, Reis, Kartoffeln, Hülsenfrüchten, Obst und Gemüse enthalten, also in sehr vielen Lebensmitteln, die wir täglich essen. Außerdem befinden sie sich in allen zuckerhaltigen Schleckereien. Denn Kohlenhydrate sind, chemisch betrachtet, nichts anderes als unterschiedliche Verbindungen aus Zucker. Je mehr Zuckerteilchen aneinanderhängen, desto länger benötigt der Kohlenhydratstoffwechsel, um sie zu zerlegen und in den Blutkreislauf abzugeben.

Isst du statt des Schokoriegels ein Vollkornbrot, muss deine Chemiefabrik ganz anders arbeiten: Für das „Auflösen" des Mehrfachzuckers braucht sie deutlich länger und gibt die Zuckerteilchen nur in kleinen Mengen ins Blut ab. So steigt der Blutzuckerspiegel nur langsam, bleibt dafür aber länger auf einem Niveau, das dem Körper kontinuierlich die notwendige Energie bereitstellt. Insulin muss gar nicht oder nur in kleinen Mengen zur Regulierung des Blutzuckers ausgeschüttet werden.

Gönn dir die guten Kohlenhydrate

Nach dem Selbsttest (Tipp S. 13) versteht sich, dass wir für unsere Leistungen – ob in Beruf, Freizeit oder Sport – mit komplexen Kohlenhydraten besser bedient sind, weil sie uns viel länger Energie bereitstellen. Verzichtet also möglichst auf die „schlechten" Einfachzucker und wechselt zu den „guten" komplexen Kohlenhydraten. Ersetzt einfach:

- Brot und Gebäck aus Weißmehl durch solches aus Dinkelmehl oder Vollkornmehl
- weißen Reis durch Vollkornreis
- helle Nudeln durch Vollkornpasta
- Schokolade durch Obst
- Chips durch Gemüsesticks aus Möhren, Paprika, Gurken

Damit habt ihr nicht nur den Blutzuckerspiegel im Griff, sondern profitiert auch von den enthaltenen Vitaminen, Mineral- und Ballaststoffen. Ihr werdet euch seltener schlapp und müde fühlen, dafür aber insgesamt leistungsfähiger. Falls du zu den Menschen mit Hautproblemen gehörst, stellst du fest, dass deine Haut klarer wird. All das wirkt sich bei Sportlern natürlich noch stärker aus, weil sie ja 50 bis 60 Prozent ihrer Ernährung in Form von Kohlenhydraten zu sich nehmen sollen.

Glykämischer Index

Wie stark ein kohlenhydrathaltiges Lebensmittel den Blutzuckerspiegel anhebt, kann man messen. Dieser Wert heißt glykämischer Index (GI). Je höher der GI, desto schneller geht der Zucker ins Blut, steigt also der Blutzuckerspiegel.

Lebensmittel	Glykämischer Index (GI)
Glukose:	100
Bratkartoffeln/Pommes:	95
Honig:	85
Cornflakes:	85
Kartoffeln, gekocht:	85
Weizenmehl:	70
Schokoriegel:	70
Limonade:	70
Dinkelmehl:	65
Pellkartoffeln:	65
Banane:	60
Buchweizen:	55
Spaghetti al dente:	45
Vollkornnudeln al dente:	40
Möhren, roh:	30
Erdnüsse:	25
Soja:	15
Tomaten:	15

Warum Kohlenhydrate für Fußballer wichtig sind

Bei Fußballern stellten Sportwissenschaftler fest, dass die Belastung im Wettkampf etwa folgendermaßen aussieht: Über 90 bis 120 Minuten laufen die Spieler die meiste Zeit in gemäßigtem Tempo rund 10 Stundenkilometer schnell. Dazwischen aber müssen sie immer wieder für Strecken von ca. 900 Meter sprinten. Dadurch leeren sie die Energiespeicher in den Muskeln, die Glykogenspeicher, während eines Spiels fast vollständig. Die Folge davon ist Müdigkeit, die sich als Konzentrationsschwäche und nachlassende Schnelligkeit bemerkbar macht.

Zu wenige Kohlenhydrate

Studien haben ergeben, dass gerade Fußballer in der Vorbereitung auf einen Wettkampf häufig zu wenig Kohlenhydrate essen: nur 1200 Kilokalorien statt der empfohlenen 2400 bis 3000 Kilokalorien in Kohlenhydraten. Viele Spieler gehen also schon mit halb leeren Energiespeichern aufs Feld. Das ist so, als würdest du mit halb leerem Tank eine große Urlaubsfahrt antreten. Das Problem: Wenn du deinem Körper zu wenig Kohlenhydrate gibst, holt er sie sich selbst: Er greift dann auf körpereigene Eiweißstrukturen in der Muskulatur und im Immunsystem zurück und baut sie zu Kohlenhydraten um.

Die Folge einer Kohlenhydratunterversorgung sind Schwäche und Müdigkeit – ein Nachteil, den der besser vorbereitete Spieler im Zweikampf zu seinen Gunsten ausnutzen wird.

Fette – unverzichtbare Energiequelle

Sie stehen in dem schlechten Ruf, ungesund zu sein, dabei sind sie lebenswichtig: Fette sind als Energieträger und als Baustoffe unverzichtbar für den menschlichen Organismus. Ihre Bedeutung kann man daran ablesen, dass der Körper sie sogar aus Kohlenhydraten und Eiweiß selbst herstellen kann, wenn ihm zu wenig Fett zugeführt wird. Denn er benötigt die Fette als Baustoff für alle Zellmembranen, für Haare und Nägel. Außerdem kann er die fettlöslichen Vitamine A, D, E und K nur in Verbindung mit Fett aufnehmen. Ohne Fett wirken sie nicht.

Für mich als Koch – und für euch als Esser und Genießer – ist außerdem wichtig, dass Fette Geschmacksträger und zudem natürliche Würzmittel sind: Viele Speisen schmecken mit etwas Fett einfach besser. Das zeigt nicht nur der Vergleich von Magerquark mit Sahnequark. Viele Gerichte kann man z. B. wunderbar mit Kürbiskernöl, geröstetem Sesamöl, Oliven- und Nussöl etc. verfeinern.

Fett ist nicht gleich Fett

Unser Körper benötigt fürs reibungslose Funktionieren alle Fettarten, die es gibt, aber leider oft in anderen Mengen, als wir sie zu uns nehmen. Gerade beim Fett gilt es daher, auf die Qualität zu achten: Meide gesättigte Fettsäuren, weil diese den Cholesterinspiegel und das Risiko für Herz-Kreislauf-Erkrankungen erhöhen. Enthalten ist diese Fettart in Butter, Sahne, Fleisch, Wurst und Käse sowie versteckt in vielen Fertigprodukten. Weniger davon ist mehr – nicht nur für Sportler.

Empfehlenswert dagegen sind die sogenannten ungesättigten Fettsäuren. Dabei unterscheidet man einfach ungesättigte Fettsäuren wie in Olivenöl, Rapsöl, Avocados, Nüssen und Samen und mehrfach ungesättigte Fettsäuren, nämlich Omega-3- und Omega-6-Fettsäuren. Leinsamen-, Soja-, Walnuss- und Rapsöl sind dafür gute Quellen, aber auch Fischsorten wie Makrele, Lachs, Hering, Forelle und Thunfisch.

Eiweiß – der Baustoff für die Muskeln

Gerade viele Sportler überschätzen die Bedeutung der Eiweißstoffe, also der Proteine, für ihre Leistungsfähigkeit. Deshalb habe ich sie ganz bewusst in diesem Buch an die dritte Position gerückt. Denn wir verzehren – auch als Nichtsportler – meist viel zu viel Eiweiß, obwohl es mengenmäßig nach Kohlenhydraten und Fetten erst an dritter Stelle stehen sollte.

Tatsächlich sind Proteine für unseren Körper der unverzichtbare Baustoff, aus dem er fast alles herstellt, und zwar vor allem nachts: Wenn wir schlafen, zerlegt der Proteinstoffwechsel die Eiweiße in die einzelnen Aminosäuren, aus denen sie bestehen. Damit werden dann Zellen neu gebildet und repariert. Damit das alles gut klappt, benötigt der Organismus zwanzig unterschiedliche Aminosäuren. Davon kann

TIPP

Mehrfach ungesättigte Fettsäuren wie Omega-3- und Omega-6-Fettsäuren verringern die Gefahr von Erkrankungen der Herzkranzgefäße und senken den Anteil der Triglyceride im Blut.

TIPP

Transfettsäuren als künstlich veränderte Fette schädigen vermutlich die Gesundheit. Sie sind vor allem in Fertigprodukten und Frittierfett enthalten. Lasst diese also besser weg, soweit es geht.

VERZICHTET AUF ZUSÄTZLICHE PROTEINSHAKES ODER -RIEGEL, DENN EUER PROTEINBEDARF IST DURCH DIE ERNÄHRUNG SICHER SCHON MEHR ALS GEDECKT.

er zwölf selbst bilden, aber ausgerechnet die acht, die für die Muskulatur notwendig sind, müssen wir ihm mit der Ernährung zuführen. Sie werden deshalb auch „essenzielle", also unverzichtbare Aminosäuren genannt. Es handelt sich dabei um Isoleucin, Leucin, Lysin, Methionin, Phenylalanin, Threonin, Tryptophan und Valin. Wer sich ausgewogen und abwechslungsreich ernährt, wird sicher alle diese Eiweißstoffe in ausreichender Menge zu sich nehmen.

Proteine stecken in hoher Konzentration in Fisch, Fleisch, Geflügel, Sojaprodukten wie Tofu, Pilzen, Hülsenfrüchten, Haselnüssen und anderen Nüssen.

Genug Proteine für Vegetarier?

Früher galt es unter Sportlern fast als Muss, Fleisch zu essen, um den Eiweißbedarf zu decken. Da waren riesige Steaks an der Tagesordnung, vor allem bei Kraftsportlern. 2005 dagegen war der Weltmeister im Bodybuilding, Alexander Dargatz, nicht nur Vegetarier, sondern sogar Veganer. Er verzichtet konsequent nicht nur auf Fleisch, sondern auf alle tierischen Produkte beim Essen. Wer also Fleisch, Eier, Milch und Co. nicht essen mag – aus welchen Gründen auch immer –, muss deshalb nicht auf sportliche Höchstleistungen verzichten. Er sollte sich allerdings viel intensiver mit der Zusammenstellung seiner Ernährung beschäftigen als „Mischköstler", damit er auch wirklich alle notwendigen Nährstoffe aufnimmt. Diese Beschäftigung trägt übrigens oft dazu bei, dass sich Vegetarier und Veganer gesünder ernähren, weil sie insgesamt kritischer hinschauen, was sie essen.

TIPP

Proteine sind in fast allen vegetarischen Lebensmitteln enthalten. Besonders viel davon steckt in Hülsenfrüchten wie Erbsen, Linsen, Bohnen und Sojabohnen, aus denen sich leckere Brotaufstriche zaubern lassen.

Grundnährstoffe auf einen Blick

So viel Grundnährstoffe sollte man pro Kilo Körpergewicht aufnehmen:

Als „Normalo" und Breitensportler:
Energiebedarf: 30–40 Kilokalorien
Kohlenhydrate: 4 Gramm
Fett: 0,7–1 Gramm
Eiweiß: 0,8–1 Gramm

Als Leistungssportler bei mittlerer Belastung:
Energiebedarf: 40–70 Kilokalorien
Kohlenhydrate: 5–7 Gramm
Fett: 0,7–1 Gramm
Eiweiß: 1,5–2 Gramm

Als Leistungssportler bei starker Belastung:
Energiebedarf: bis 90 Kilokalorien
Kohlenhydrate: 7–10 Gramm
Fett: 0,7–1 Gramm
Eiweiß: 1,2–1,7 Gramm

Diese Werte sind nur Anhaltspunkte, die individuell je nach Sportart und Belastung angepasst werden müssen.

Vitamine – ohne sie geht nichts

Vitamine gehören zu den Mikronährstoffen, denn die Mengen, die wir von ihnen brauchen, bewegen sich im Milli- und Mikrogrammbereich. Diese geringen Dosen sind aber wichtig, damit der Stoffwechsel, das Immunsystem, die Energiegewinnung und die Kommunikation innerhalb des Körpers funktionieren. Vitamine wirken wie Zahnrädchen, die große Teile miteinander verbinden. Fallen sie aus, läuft nichts mehr.

Da unser Organismus nur wenige Vitamine selbst herstellen kann, müssen wir sie mit unseren Mahlzeiten aufnehmen. Das ist bei einer abwechslungsreichen, ausgewogenen Ernährung kein Problem: In unseren Breiten gibt es keinen Vitaminmangel.

Bei den fettlöslichen Vitaminen A, D, E und K funktioniert die Aufnahme nur in Verbindung mit Fett, sonst werden sie ungenutzt ausgeschieden. Es ist allerdings ein weit verbreiteter Irrtum, dass die Vitamine und das Fett gleichzeitig aufgenommen werden müssen, also etwa Möhren immer zusammen mit etwas Öl. Es reicht auch, wenn einige Stunden dazwischen liegen.

TIPP

Vitamine sind sehr empfindliche Nährstoffe, die schnell totgekocht werden. Deswegen besonders Gemüse (mit Ausnahme der meisten Kohlsorten) möglichst nur so lange schonend kochen, braten oder dünsten, dass es noch Biss hat.

Im Fokus der Sportler

Intensives oder langes Training fordert den Körper und stresst ihn. Mit den folgenden Vitaminen – die uns bei einer ausgewogenen Ernährung genügend zur Verfügung stehen – bleibt er gesund und leistungsfähig:

Mit Vitamin C sind wir im Allgemeinen gut versorgt, oft sogar überversorgt. Macht nichts, denn zu viel scheiden wir aus. Es ist wichtig fürs Immunsystem und die Resorption des Spurenelements Eisen. Ob es gegen den sogenannten Open-Window-Effekt hilft, konnte bisher nicht be-

Der Open-Window-Effekt

Wie durch ein geöffnetes Fenster kommen Viren und Bakterien „angeflogen", nutzen eine Lücke in unserem Immunsystem und – zack – sind wir erkältet. Das passiert nach großen Anstrengungen, und zwar nach geistigen ebenso wie nach sportlichen. In beiden Fällen steigen Herzfrequenz und Blutdruck und es werden die Stresshormone Adrenalin und Noradrenalin ausgeschüttet. In der Folge verringern sich die Leukozyten, die Krankheitserreger abwehren. Man braucht einige Stunden, um wieder auf das Ausgangsniveau zu kommen. In dieser Phase haben Viren und Bakterien leichtes Spiel, sodass es sinnvoll ist, sich dagegen durch warme Kleidung und Fernhalten von Erregerherden zu schützen. Vitalstoffe in der Ernährung können zumindest unterstützend wirken. Kontraproduktiv wäre es deshalb, nach dem Wettkampf als Belohnung nährstoffarmes Junkfood zu essen. Es gibt auch Studien, die darauf hindeuten, dass sich bei Profi-Leistungssportlern das Immunsystem an die ständige hohe körperliche Belastung anpasst und kaum noch herunterfährt, der Open-Window-Effekt also weitgehend ausbleibt. Das Phänomen wird aber weiterhin erforscht.

Die ausgewogene Sportlerernährung versorgt unsere Spieler immer mit genügend Vitaminen.

wiesen werden. Gute Quellen für Vitamin C sind Brokkoli, Fenchel, Paprikaschoten, Rosenkohl oder schwarze Johannisbeeren.

Vitamin A ist für die Bildung von Zellen und das Immunsystem unerlässlich. Es ist vor allem in Leber und in Möhren, Spinat sowie Grünkohl enthalten. Der Körper kann es aus Provitamin A selbst bilden.

Auch Vitamin E, das in Palmöl, Reiskleie, Gerste, Roggen und Hafer steckt, spielt eine wichtige Rolle beim Immunsystem. Zudem schützt es die Zellen vor sogenannten Freien Radikalen, zellschädigenden Stoffen. Dadurch senkt es eventuell indirekt das Verletzungsrisiko.

Vitamin B_6 ist nicht nur an mehr als 50 unterschiedlichen Prozessen im Eiweißstoffwechsel beteiligt, sondern beeinflusst auch das Nervensystem und die Immunabwehr. Es ist in den meisten Lebensmitteln enthalten, besonders aber in hochwertigem Hühner- und Schweinefleisch, Fisch, Kohl, Kartoffeln, Linsen, Feldsalat und Bananen.

Als Nervenvitamin wird Vitamin B_{12} häufig bezeichnet. Es ist außerdem wichtig für die Blutbildung und die Zellteilung. Der Körper kann es nicht selbst herstellen, aber es befindet sich ausreichend in unserer Nahrung, in Fleisch, Fisch, Eiern und Milchprodukten. Da Pflanzen nur Spuren davon enthalten, sollten Veganer ein Auge darauf haben.

Das Gespräch mit den Spielern ist immer wichtig; zum einen als Feedback zum Essen – was schmeckt, was weniger –, zum anderen, um Spieler zum bewussten Umgang mit dem Essen anzuregen.

Mineralstoffe und Spurenelemente

Genauso dringend wie Vitamine benötigen wir Mineralstoffe und Spurenelemente, allerdings in noch viel geringeren Mengen. Beide müssen wir mit dem Essen zu uns nehmen, damit der Stoffwechsel funktioniert, aber längst nicht bei allen hat die Wissenschaft ihre Funktion völlig geklärt. Diese anorganischen Substanzen sind nicht sehr empfindlich und vertragen auch längeres Kochen gut.

Woran es mangelt

Auch mit Mineralien sind wir durch eine ausgewogene Ernährung insgesamt gut versorgt. Es gibt nur zwei Spurenelemente, die bei vielen Menschen häufiger in den kritischen Bereich rutschen: Eisen und Jod.

Ein Eisenmangel macht sich oft in Form von Schlappheit und Müdigkeit sowie Muskelkrämpfen oder Frieren bemerkbar. Denn Eisen ist am Sauerstofftransport im Blut ebenso beteiligt wie am Energiestoffwechsel und der Regulierung der Körpertemperatur. Brot, Fleisch, Wurst und Gemüse sind gute Quellen. Allerdings kann der Organismus das Eisen nicht aufnehmen, wenn man gleichzeitig Kaffee, schwarzen Tee oder Milchprodukte verzehrt. Selbst wenn der gemessene Eisenwert im grünen Bereich liegt, muss das nichts heißen, weil der Eisenspiegel stark schwankt. Wer's genau wissen will, sollte besser den an Eisen gekoppelten Ferritinwert messen lassen.

Jod ist unverzichtbar für die Schilddrüsenhormone. Bei einem Mangel an Jod kommt es dadurch zu schweren Stoffwechselstörungen aufgrund einer Schilddrüsenunterfunktion. Dadurch wird die geistige und körperliche Leistungsfähigkeit herabgesetzt, denn Muskel- und Nervenzellen können nicht mehr so schnell reagieren und auch die Glykogen- und Eiweißspeicher werden nicht mehr so schnell aufgefüllt – beides ist für Erfolge im Sport aber unverzichtbar.

Ausgeschwitzte Mineralien auffüllen

Besonders Fußballer und Ausdauersportler verlieren durch Schwitzen Eisen, Magnesium und Kalium.

Magnesium ist vielen Sportlern als schnelles Mittel gegen Muskelkrämpfe bekannt. Damit diese auftreten, muss ein schwerer Magnesiummangel vorliegen, den man am besten von vornherein vermeidet. Das ist gar nicht schwierig, denn das Mineral ist in allen Lebensmitteln enthalten: in Vollkornprodukten, Milch und Milchprodukten, Geflügel, Fisch, Kartoffeln, Bananen, Orangen und Sojabohnen. Magnesium ist wichtiger Bestandteil von Muskeln und Knochen und an unzähligen Stoffwechselvorgängen sowie an der Zellkommunikation beteiligt.

Kalium ist unverzichtbar für das Auffüllen der Glykogenspeicher nach dem Training oder dem Wettkampf. Deswegen solltet ihr möglichst bald danach Bananen, Aprikosen, Pflaumen, Milchprodukte, Fleisch oder Fisch essen.

MITTWOCH – 5. MÄRZ

10:00h	Wecken
bis 10:30h	Frühstück [bitte Tickets zur Hinterlegung abgeben]
11:30h	Anschwitzen
13:30h	Sitzung
anschl.	Mittagessen
17:15h	Kaffeetafel / Pasta
19:05h	Abfahrt zum Stadion
20:45h	**LÄNDERSPIEL**
	DEUTSCHLAND vs. CHILE
anschl.	Individuelle Heimreisen
	Rückfahrt zum Hotel / Abendessen

TAGESOUTFIT

SPIELER
schwarzes T-Shirt
Präsentationsanzug

BETREUER
schwarzes Polo
Präsentationsanzug

OFFIZIELLES OUTFIT
Boss Anzug
blau-kariertes Hemd
dunkelblaue Krawatte

Der exakt reglementierte Tagesablaufplan der Nationalmannschaft vom 5. März 2014. Alle Mahlzeiten sind genau eingeplant: Disziplin beim Essen gehört zum Leistungssport.

Nahrungsergänzungsmittel für mehr Fitness und Muskeln?

Nahrungsergänzungsmittel sind in aller Munde, gerade auch bei Sportlern – leider. Die meisten erhoffen sich damit eine Leistungssteigerung, sozusagen Fitness in Pillen- oder Pulverform, erreichen aber oft das Gegenteil. Diese Mittel sind nicht nur teuer, sondern häufig sogar schädlich. Denn ein chemisch zusammengesetzter einzelner Stoff, losgelöst aus dem komplexen Gebilde Lebensmittel, wirkt meist anders als etwa das Vitamin im Obst in der Kombination mit den Fasern und übrigen enthaltenen Stoffen. Wissenschaftler gehen längst davon aus, dass es gerade die Kombination von Vitaminen und Mineralien mit diesen sogenannten sekundären Pflanzenstoffen ist, die für die Wirksamkeit der Vitalstoffe im Körper verantwortlich ist.

Folgen kaum erforscht

Problematisch an den vielen Formen von Nahrungsergänzung oder Sportlernahrung und -getränken ist, dass ihre Wirkung in den meisten Fällen kaum wissenschaftlich erforscht ist, erst recht nicht, was mögliche Spätfolgen betrifft. Man muss zudem stets beachten, dass bei diesen Produkten, auch wenn sie im freien Handel verkauft werden, nicht auszuschließen ist, dass sie Substanzen enthalten, die aus Dopinggründen im Wettkampf verboten sind. Andere Stoffe wie Bor, Chrom, Hydroxymethylbutyrat oder Kolostrum, die den Muskelaufbau fördern sollen, bringen nach bisherigen Studien für Fußballer keinen Effekt.

Wer sich abwechslungsreich und ausgewogen ernährt, weiß genau, was der Körper für Stoffe aufnimmt. Wenn jemand das Gefühl hat, dass das nicht reicht – etwa weil er sich schlapp fühlt –, geht am besten zu seinem Arzt und lässt sich ein großes Blutbild machen. Wenn er tatsächlich unter Nährstoffmangel leidet, wird der Arzt das genau für ihn passende Mittel verschreiben oder empfehlen. Idealerweise gibt er eine Ernährungsempfehlung, die Defizite ausgleichen hilft.

Für viele Sportler in Deutschland ist die sogenannte „Kölner Liste", eine Aufzählung von getesteten und auf unerlaubte Inhaltsstoffe untersuchten Nahrungsmitteln zu einem wichtigen Entscheidungmedium geworden. Ihr könnt euch dabei auf geeignete Doping-Testverfahren stützen, die sich nicht unbedingt mit Herstellerversprechen „sauberer" Sportlernahrung decken.

TRINKEN HÄLT FIT

Gibt es etwas Schöneres nach einem anstrengenden Training als das Gefühl, wenn kühles Nass die ausgetrocknete Kehle herunterrinnt? Wohl kaum! Denn selbst wenn wir uns nur mäßig angestrengt haben, hat unser Körper durchs Schwitzen und den angeregten Stoffwechsel sehr viel Flüssigkeit verloren. Der Durst ist dann so groß, dass Trinken ein fantastisches Wohlgefühl in uns auslöst. Leider ist dies nicht immer so: Die meisten Menschen trinken viel zu wenig – und leider oft noch das Falsche!

Ein „Taxi" in der Blutbahn

Dabei geht ohne Flüssigkeit gar nichts in unserem Körper: Wasser ist sein wichtigstes Transport- und Lösungsmittel, weil alle Nährstoffe, die wir zu uns nehmen, in Flüssigkeit aufgelöst und dann mithilfe des Blutes in die Zellen transportiert werden müssen. Beim Verbrauch der Nährstoffe entstehen Gift- und Abfallstoffe, die aus dem Körper wieder herausgebracht werden sollen. All das funktioniert nur mit Wasser als „Verdünner" und „Taxi". Wasser ist unverzichtbar für die Verdauung, den Stoffwechsel und das Herz-Kreislauf-System sowie für das Gehirn. Besonders interessant für Sportler ist der Umstand, dass Wasser die beweglichen Strukturen unseres Körpers, also Muskeln, Gelenke, Sehnen, Bänder und Knorpel, geschmeidig hält. Bekommen sie zu wenig Flüssigkeit, trocknen sie regelrecht aus. Kein Wunder: Schließlich besteht unser Organismus zu ungefähr 60 Prozent aus Wasser.

Wir können aus hochwertigsten Lebensmitteln die tollsten Mahlzeiten zaubern – wenn wir nicht genügend trinken, verpufft unsere Mühe weitgehend. Dabei geht es nicht darum, mit möglichst viel Wasser di-

TIPP

Man sollte pro Stunde Sport einen halben bis ganzen Liter zusätzlich trinken (siehe auch Trinkplan für Sportler, Seite 29). Wenn ihr euch intensiv belastet, sogar mehr. Wer länger als eine Stunde trainiert oder im Wettkampf steht, sollte auch zwischendurch in kleinen Schlucken trinken. Begeht aber bitte nicht den Fehler, in kürzester Zeit nach einer sehr anstrengenden sportlichen Belastung gleich mehrere Liter Wasser zu trinken. Das kann der Körper gar nicht verarbeiten: Er schafft maximal nur einen Liter pro Stunde, wie Forschungen ergeben haben. Damit er nicht noch zusätzliche Energie zum Erwärmen der Getränke aufbringen muss, solltet ihr möglichst lauwarm trinken – sorry, ich weiß: Kalte Getränke zischen so schön, aber …

BEI NORMALEN BELASTUNGEN UND GEMÄSSIGTEM KLIMA RECHNET MAN PRO KILOGRAMM KÖRPERGEWICHT 30 MILLILITER FLÜSSIGKEIT. DAS SIND BEI 75 KILOGRAMM MINDESTENS 2,25 LITER.

Bei großen Anstrengungen und eventuell noch hinzukommender Hitze wie bei der anstehenden WM in Brasilien ist eine ausreichende Flüssigkeitsaufnahme die Voraussetzung für den Erhalt der Leistungsfähigkeit.

rekt zur Mahlzeit das köstliche Essen herunterzuspülen, sondern am besten ist es, gleichmäßig über den Tag verteilt zu trinken. Zwei Liter sollten es schon sein, gerne auch drei Liter, bei Hitze oder anstrengenden Belastungen sogar noch mehr. Für unsere Spieler in Brasilien oder anderen Wettbewerben in heißen Klimazonen rechne ich mit rund fünf Litern pro Tag, an Spieltagen kommen noch mal gut zwei Liter dazu.

DIE BESTEN GETRÄNKE FÜR SPORTLER

Jetzt fiel häufig der Begriff „Wasser", und manchen schüttelt es vermutlich bei dem Gedanken an das geschmacksneutrale Nass. Und erst recht, wenn ich jetzt sage: Tatsächlich ist Wasser die geeignetste Flüssigkeit für unseren Körper, und zwar am besten **ohne** Kohlensäure! Denn Kohlensäure beeinträchtigt die Abläufe unseres Stoffwechsels und wirkt blähend bei der Verdauung. Ja, sie kann sogar Entzündungen an den Schleimhäuten des Darmtrakts hervorrufen, wie wissenschaftlich nachgewiesen wurde. Außerdem beeinträchtigt sie die tiefe Ein- und Ausatmung, die während des Sports unbedingt nötig ist. Das sind doch Gründe genug, sich gerade als Sportler mit dem schlichten, aber wertvollen „áqua sem gás" – wie die Brasilianer sagen – anzufreunden.

So schmeckt auch Wasser gut

In Deutschland und Österreich hat Wassertrinken noch einen anderen Vorteil: Es ist unschlagbar günstig, denn es kommt direkt aus der Leitung. Trinkwasser gilt hier als das bestkontrollierteste Lebensmittel und wird täglich in den Wasserwerken auf seine Inhaltsstoffe untersucht. Man kann es überall bedenkenlos trinken, in manchen Gegenden allerdings schmeckt es nicht so gut, weil es beispielsweise viel Kalk enthält. Die örtlichen Wasserwerke geben gerne Auskunft über die jeweilige Wasserqualität.

Nur wer in einem Haus mit alten Kupferleitungen wohnt, sollte nicht mit Leitungswasser seinen Durst löschen, weil die alten Rohre schädliche Substanzen ans Wasser abgeben. Ansonsten empfiehlt es sich, das Wasser, wenn es länger in der Leitung gestanden hat, erst etwas laufen zu lassen, bis es kühl ist. Dadurch werden eventuell entstandene Bakterien oder Ablagerungen aus den Leitungen gespült, und das Wassers schmeckt erfrischender. In fernen Ländern wie z. B. Südafrika, der Ukraine oder Brasilien dagegen kaufen wir natürlich abgefülltes Mineralwasser, rein aus hygienischen Gründen: Sicher ist sicher.

Wer gerne Wasser trinkt – ja, auch das gibt es und es kommt gar nicht so selten vor! –, genießt es pur und kann oft Geschmacksunterschiede erkennen. Es gibt sogar Wassersommeliers, die unterschiedliche Mineralwässer genauso detailliert beschreiben können, wie ein Sommelier es sonst beim Wein macht.

Wer Wasser nicht so mag, kann es aromatisieren. Dafür eignen sich:

- Zitronensaft
- Schalen von der Biozitrone oder -orange
- Minzblättchen
- Basilikumblätter
- Ingwerscheiben

Neben diesen kalorienfreien Varianten eignen sich auch Holundersirup oder natürliche Fruchtsäfte und -sirups. Probiert und kombiniert ein wenig herum, dann findet ihr sicher etwas, das euch auch gut schmeckt.

Ginkgo-Eistee – der Glücksbringer der deutschen Elf

Für die Spieler von der Nationalelf habe ich ein ganz besonderes Getränk: Ginkgo-Tee. Lange Jahre galt vor allem der Milchreis als „Glücksbringer" unserer Mannschaft. Seit ich die Mannschaft betreue, gibt es ein neues Ritual: Kurz vor dem Spiel serviere ich der Mannschaft Ginkgo-Tee als Eistee. Dann sind die Spieler wacher, heller, fitter. Die Inhaltsstoffe des Ginkgo fördern die Durchblutung allgemein und natürlich vor allem des Gehirns. Das Rezept findest du auf Seite 144.

Kaffee und Tee

Kaffee und Tee in allen Variationen könnt ihr trinken, wie es euch schmeckt, und ihr dürft ihn bei der Trinkmenge mitberechnen. Der Mythos, dass Kaffee oder schwarzer Tee dem Körper Flüssigkeit entziehen würden, ist längst widerlegt. Dafür wirkt das enthaltene Koffein bzw. Tein anregend und konzentrationsfördernd. Das kann nicht nur beim Lernen oder bei der Arbeit, sondern auch im Sport nützlich sein. Allerdings sollte man nicht übertreiben und die passende Dosis zunächst im Training und nicht im Wettkampf herausfinden. Meist reichen zwei Tassen Filterkaffee oder drei Espresso aus. Mehr macht nur nervös.

Wer gerne einen bestimmten Kräutertee trinkt, sollte bedenken, dass Kräuter immer eine Wirkung auf unseren Körper haben – deswegen spricht man ja auch von Heilkräutern. Damit keine unbeabsichtigten Wirkungen eintreten, sollte man Kräutertee nur um des Geschmacks willen nicht länger als drei Wochen am Stück trinken, danach lieber erstmal mindestens drei Wochen lang etwas anderes.

Säfte, Nektare und Fruchtsaftgetränke

Weit oben auf der Skala der beliebten Getränke stehen Obst- und Gemüsesäfte und ihre Verwandten. Sehr zum Leidwesen der Ernährungsexperten, denn Saft, Nektar und Co. gelten bei ihnen als Nahrungsmittel, weil sie die Flüssigkeitsreserven unseres Körpers nicht auffüllen können. Woran das liegt? Ganz einfach: an den Inhaltsstoffen! Schließlich habe ich Obst und Gemüse nicht umsonst weiter vorne schon bei den gesunden Lebensmitteln aufgeführt. Säfte sind kalorienreiche Snacks:

- Frucht- und Gemüsesäfte dürfen ausschließlich Obst und Gemüse enthalten. Bei Fruchtsäften dürfen aber pro Liter 15 Gramm Zucker zugesetzt werden, der auf der Zutatenliste angegeben werden muss.
- Fruchtnektar wird aus Obst, Saft oder Fruchtkonzentrat mit Wasser und Zucker hergestellt. Dabei muss der Fruchtgehalt zwischen 25 und 50 Prozent liegen.
- Gemüsenektar ist nichts anderes als verdünnter Gemüsesaft und von dem müssen nur 40 Prozent enthalten sein.
- Fruchtsaftgetränke enthalten nur Fruchtsaft: je nach Obst 6 bis 30 Prozent. Der Rest sind Wasser, Aromastoffe, Zucker und je nach Getränk andere Zusatzstoffe.

Die Zusammensetzungen sind übrigens durch die Lebensmittelverordnung streng geregelt und lassen den Herstellern keinen Spielraum.

Erfrischungsgetränke und Limonaden

Eistee, Fruchtsaftgetränke, Saftschorlen, Softdrinks, Limonaden und Co. – sie alle zählen zu den Erfrischungsgetränken und enthalten vor allem eins: viel Zucker und viele künstliche Aromastoffe. Da sagt schon der normale Menschenverstand: Das kann für Sportler nicht gut sein. Tatsächlich ist es kontraproduktiv, denn diese Getränke enthalten mehr Teilchen als das Blutplasma. Der Körper muss also sogar eigene Flüssigkeit einsetzen, um diese Getränke so zu verdünnen, dass sie die gleiche Teilchenmenge wie das Blut enthalten und er sie verwerten kann. Also Kopf einschalten – und Maß halten!

Sportlergetränke, isotonische Getränke und Energydrinks

Mehr Leistung, mehr Ausdauer, mehr Power – das versprechen die Hersteller von Energydrinks, Sportlergetränken und isotonischen Getränken. Doch was sind überhaupt isotonische Getränke? Sie enthalten laut Hersteller die gleiche Anzahl Teilchen wie die Körperflüssigkeit, und zwar nützliche Teilchen, die unser Körper beim Sport verbraucht wie Mineralien, etwa Salz – keine schlechte Idee also. Allerdings gibt es trotz aller Bemühungen bisher keinen wissenschaftlichen Beweis, dass der Körper diese Mineralien auch kurzfristig aufnimmt und verbraucht. Für normale Sportler sind es in erster Linie teure Getränke. Das Geld dafür kann man lieber in eine höherwertige Ausrüstung stecken.

Ähnlich sieht es aus mit den Energydrinks. Sie enthalten neben Wasser und Zucker fast immer Mineralien und Koffein, Vitamine und Farbstoffe. Wie im Kaffee wirkt das Koffein anregend und fördert die Konzentration, allerdings ist es in Energydrinks nicht nur viel teurer,

sondern auch sehr hoch dosiert. Die Kombination mit anderen anregenden Stoffen wie Taurin, Inosit oder Glucuronolacton macht daraus aber eine gefährliche Mischung, die gerade in Kombination mit Sport oder Alkohol fatal wirken kann: Sogar Herzrhythmusstörungen, Krämpfe oder Nierenversagen können die Folge sein.

SPORT UND ALKOHOL – BESSER NICHT!

Klar, nach einem Sieg wird auf den Erfolg angestoßen, und ein Geburtstag darf gefeiert werden. Wer aber ernsthaft Sport treibt, verzichtet besser auf zu viel Alkohol. Denn auch der Restalkohol am Tag danach beeinträchtigt die Reaktionsfähigkeit und die Konzentration. Die Folge können vermehrte Stürze und Verletzungen sein. Deren Schwere wird dann im ersten Moment oft unterschätzt, weil der Alkohol das Empfinden für den Schmerz senkt – es wird achtlos weitertrainiert ... das kann nicht gut gehen. Gleichzeitig mindert sich die Leistung noch aus einem anderen Grund: Die Leber greift beim Alkoholabbau auf dieselben Kohlenhydratdepots zu wie die Muskeln. Wenn also eine Party doch einmal feucht endet, besser am nächsten Tag chillen statt sporteln.

MACHT DICH DIE ERNÄHRUNG FIT?

Vermutlich haben viele während des Lesens gedacht: „Oh ja, lecker!" oder „Das mag ich aber gar nicht!", und meine Infos mit dem eigenen Essverhalten verglichen. Tatsächlich ist es nützlich, bewusst zu prüfen, wie es sich mit der eigenen Ernährung und der Bewegung in der Realität verhält. Beides ist nämlich nicht immer so, wie wir glauben.

Eine gesunde Ernährungsweise und das Vermeiden von Alkohol oder Nikotin sind für eine perfekte Fitness nötig. Erfolge feiern geht natürlich trotzdem.

Führe ein Ernährungs- und Bewegungstagebuch

Man kommt sich selber schnell auf die Schliche, wenn man eine oder besser zwei Wochen lang ein Tagebuch führt. Kauft euch dafür ein kleines Notizbuch oder Schulheft und tragt jeden Tag Folgendes ein:

- Wann stehst du auf? Wie hast du geschlafen? Wie fühlst du dich jetzt?
- Was frühstückst du im Detail (Zutaten, Mengen, Zubereitung)? Wie schmeckt es? Wie fühlst du dich danach?
- Wann bekommst du wieder Hunger?
- Wann isst du wieder etwas und was ist das genau? Wie schmeckt es?
- Wie isst du? Allein oder mit anderen am Tisch? Im Gehen, Stehen oder beim Fernsehen?
- Was und wie viel trinkst du zu und zwischen den Mahlzeiten?
- Trinkst du nur, wenn du Durst spürst?
- Wann treibst du wie lange Sport? Wie fühlst du dich vorher, wie nachher? Bist du zufrieden mit deinen Leistungen? Hast du Hunger? Wenn ja, auf was?
- Wann und wie lange bewegst du dich im Alltag (mit dem Rad zur Arbeit, zu Fuß zum Einkaufen, Gassigehen mit dem Hund)?
- Wann gehst du ins Bett? Kannst du gut ein- und durchschlafen?

TIPP

Fangt am besten gleich an, denn vom Lesen wird man zwar schlauer, aber nicht fitter oder gesünder..

Das sind ganz schön viele Fragen, ich weiß. Aber auch unsere Nationalspieler haben dadurch eine Menge über ihre günstigen und ungünstigen Vorlieben und Gewohnheiten gelernt. Schon beim Aufschreiben und spätestens bei der genauen Durchsicht und Analyse wirst du feststellen, was dir gut tut und was weniger. Du kannst gerne schon zwischendrin damit beginnen, von einfachen auf komplexe Kohlenhydrate umzustellen.

Wichtig ist, dass du genau in dich hineinspürst und ehrlich mit dir selbst bist. Prüfe genau, was du gegessen hast, bevor du dich matt, lustlos oder schlecht gelaunt fühltest – und was, bevor du guter Dinge warst. Mit dieser selbstkritischen Analyse findest du sicher noch ein paar Schrauben in deiner Ernährung, die du stärker in Richtung Fitness drehen kannst.

Sei nett zu dir selbst!

Wenn ihr jetzt festgestellt habt, dass ihr euch nicht so gut ernährt, wie ihr immer dachtet, ist das kein Grund zum Verzweifeln. Ihr müsst nicht von heute auf morgen komplett anders essen: Verändert einfach zunächst nur das, was euch leicht fällt. Dann geht in Schritten, die zu euch und eurem Leben passen, weiter – von Veränderung zu Veränderung. Es wird euch jedes Mal ein wenig leichter fallen, weil ihr die positiven Effekte an euch spürt. Klar, es gibt auch Typen der „radikalen Wende", aber die Wissenschaft konnte zeigen, dass die allermeisten Menschen kleine Veränderungen besser langfristig beibehalten.

Schärfe deine Sinne

Schon während ihr Tagebuch führt, werdet ihr bewusster essen, weil ihr genauer darauf achtet, ob es euch schmeckt. Vermutlich wird es schon nach einigen Tagen weniger Situationen geben, in denen ihr zwar esst, aber gar nicht merkt, was, weil ihr nebenbei noch etwas anderes macht und das Essen so unbewusst abläuft. Wenn euch Essen bisher egal war, wird es dadurch hoffentlich auch zunehmend mehr Genuss bereiten.

Seit experimentierfreudig und probiert neue Lebensmittel, Gerichte, Zubereitungsarten oder Zusammenstellungen von Zutaten aus. Esst mit allen Sinnen: Seht euch eure Lebensmittel an, nehmt sie in die Hände und fühlt die Unterschiede der weichen Pfirsichhaut und der dicken Orangenschale. Riecht daran – gerade Nase und Zunge hängen beim Schmecken eng zusammen. Außerdem sagt euch der Geruch einiges über Qualität, Reife und Frische der Lebensmittel (das gilt besonders für Fisch und Obst). Hört auch mal hin beim Schneiden. Und zu guter Letzt: Schmeckt und genießt das Essen! Schluckt es nicht mal eben schnell runter, sondern tastet mit der Zunge, kaut langsam und gründlich – nicht für den guten Geschmack: Ihr fördert damit auch die Verwertung der Inhaltsstoffe durch die Verdauung. Auf diese Art und Weise werdet ihr zum Experten für euch selbst, und es wird euch immer leichter fallen, euch nicht nur lecker, sondern gesund zu ernähren.

WANN, WIE, WAS ESSEN?

Unser Körper arbeitet rund um die Uhr, also auch, wenn wir schlafen. Das gilt nicht nur für grundlegende Funktionen wie Herzschlag und Atmung, sondern auch für den Stoffwechsel, unsere persönliche Chemiefabrik. Allerdings laufen nicht alle Prozesse gleichzeitig ab, sondern verteilen sich unterschiedlich über den Tag. Wissenschaftler nennen das den Biorhythmus. Diese „innere Uhr" wird seit Beginn des 20. Jahrhunderts erforscht. Die Ergebnisse versuchen wir natürlich auch zur Optimierung der Leistungen der deutschen Elf zu nutzen.

Es ist nämlich nicht egal, wann wir trainieren und wann wir welche Nährstoffe zu uns nehmen, weil der Organismus sie nicht jederzeit gleich gut verwerten kann. So benötigt das Gehirn ganz dringend morgens Kohlenhydrate, während der nächtliche Baustoffwechsel, der während unseres Schlafs für die Regeneration und Zellreparatur zuständig ist, damit dann nichts anfangen kann, sondern Eiweiß fordert. Auch, dass Sporttreiben mit vollem Magen eher kontraproduktiv ist, weiß jedes Kind und hat jeder irgendwann einmal am eigenen Leib erfahren.

Tatsächlich haben wir alle am Tag zwei Phasen, in denen wir besonders leistungsfähig sind: vormittags zwischen 10 und 12 Uhr sowie nachmittags zwischen 17 und 19 Uhr. Das ist das optimale Zeitfenster für Hochleistungen – bei schwieriger Gedankenarbeit ebenso wie bei körperlicher Arbeit und beim Sport. Diese Phasen verschieben sich individuell um eine gute Stunde nach vorne oder nach hinten, je nachdem, ob jemand ein Morgen- oder ein Abendmensch ist.

Damit wir die notwendige Energie in den Leistungshochs zur Verfügung haben, sind sich die Wissenschaftler einig, dass wir die Nährstoffe über den Tag verteilt folgendermaßen zu uns nehmen sollten:

- **morgens** viele Kohlenhydrate, die uns bis zum Abend Energie liefern,
- **mittags** ein Nährstoffmix mit vielen Vitalstoffen,
- **abends** viel Eiweiß, das für die Zellreparaturen in der Nacht verwendet wird.

Was das für die Mahlzeiten von Breitensportlern und Leistungssportlern im Einzelnen bedeutet, schauen wir uns jetzt genauer an.

ESSEN AN NORMALEN TAGEN BZW. FÜR BREITENSPORTLER

Für Nichtsportler und Breitensportler gelten naturgemäß etwas andere Empfehlungen für die Verteilung des Essens über den Tag als für Wettkampf- und Leistungssportler, die ja viel mehr Nährstoffe verbrauchen und möglichst punktgenau zum Turnier volle Energiespeicher haben sollten, aber keinen vollen Magen. Deshalb stelle ich euch zunächst den Essrhythmus für uns „Normalos" vor, der für Intensivsportler nur während der Ferien gilt. Diesen Rhythmus einzuhalten, empfehle ich auch ehemaligen Leistungssportlern, die noch im Breitensport aktiv sind. Würden diese sich aus alter Gewohnheit weiter nach Leistungskriterien ernähren, führt das nämlich unweigerlich zu Gewichtsproblemen.

Nach dem Aufwachen braucht der Körper eine Weile, um den Stoffwechsel richtig hochzufahren. Das ist die richtige Zeit für ein passendes **Frühstück** aus Kohlenhydraten und ein wenig Fett. So liefert es die notwendige Energie für den Tag. Müsli oder Vollkornbrot und -brötchen bieten sich an, gerne ergänzt durch etwas Joghurt oder Quark sowie Obst. Frühstücksverweigerern rate ich zumindest zu kohlenhydratreichem Obst wie Bananen oder fruchtigen Smoothies als Start in den Tag.

Als **Mittagessen** gibt es dann einen bunten Nährstoffmix, der die Nährstoffspeicher wieder auffüllt und eurem Motor für den restlichen Tag das „Benzin" liefert. Ob ihr warm oder kalt esst, bleibt euch überlassen und ist sicher auch der jeweils individuellen Situation geschuldet. Zu dieser Tageszeit passt der Klassiker Schnitzel mit Kartoffeln und Salat genauso wie ein Nudelsalat mit gegartem Gemüse und Käse. Ein leckeres Dessert – vielleicht mit Früchten – kann ganz nach Bedarf den Nährstoffmix komplettieren.

Das Frühstück wird gerne „vergessen", dabei ist es die notwendige Grundlage für einen Tag voller Energie und Leistungsbereitschaft. André Schürrle z.B. trinkt gerne Smoothies.

NACH DEM SPIEL MÜSSEN DIE ENERGIE-SPEICHER SCHNELL AUFGEFÜLLT WERDEN.

Das **Abendessen** nimmt man optimalerweise etwa eine bis maximal zwei Stunden nach dem Training ein und nicht zu spät am Abend. Profisportler sollten spätestens eine halbe Stunde nach hoher körperlicher Beanspruchung zu Abend essen, da die Speicher nun geöffnet sind. Am meisten freut sich der Körper jetzt über eine eiweißreiche Mahlzeit, denn Proteine sind der unverzichtbare Baustoff für Zellregeneration und Muskelwachstum. Steak mit Gemüse passt nun genauso wie Fisch mit Gemüse oder Omelett mit Käse.

Die Prozesse des Eiweiß- und Baustoffwechsels laufen nachts ab. Deshalb ist es gerade für Sportler sehr wichtig, ausreichend zu schlafen, damit der Organismus genügend Zeit für den Baustoffwechsel hat.

Snacks wie Müsliriegel, Joghurt, Gebäck oder Sandwiches zwischendurch sind nicht vorgesehen, denn zwischen den drei Hauptmahlzeiten sollten vier bis fünf Stunden Pause liegen, damit der Körper nicht ständig mit dem Verdauen beschäftigt ist.

ESSEN WÄHREND DER TRAININGSPHASE

Ambitionierte Sportler, die intensiv trainieren wie etwa Marathonläufer oder Radrennfahrer, kommen mit diesem Essensrhythmus nicht hin. Sie müssen nämlich einerseits so viel mehr Energie beim Essen aufnehmen, dass sie das mit drei Mahlzeiten gar nicht schaffen. Die Spieler der Nationalelf hingegen kommen aufgrund ihres etwas geringeren Kalorienverbrauchs damit gut hin. Andererseits muss die Zeit des Essens auf die Zeiten des Trainings – und bei vielen zusätzlich auch auf die Arbeitszeit im Beruf – abgestimmt werden. Denn ihr wisst ja: Mit vollem Magen läuft nichts.

In der Regel wird ein- bis zweimal täglich die Ausdauer trainiert. Damit das Training effektiv ist und die Gefahr von Verletzungen sich nicht erhöht, müssen die Energiespeicher, also die Glykogenspeicher, gut gefüllt werden. Daher gibt es für die Leistungssportler auch am Abend Kohlenhydrate.

Sonderrolle Torwart

Ohne Zweifel nimmt der Mann im Kasten eine Extrarolle im Fußballteam ein: Denn er muss einerseits natürlich viel weniger laufen als seine Mannschaftskollegen, andererseits aber geistig stets auf Zack sein und blitzschnell reagieren, wenn der Gegner manchmal aus heiterem Himmel vor sein Tor stürmt. Genauso wie er daher ein anderes Training absolvieren muss als die Feldspieler, sollte er auch etwas anderes essen. Mit weniger kohlenhydratreichem, dafür eiweißreicherem Essen kommt er besser zurecht. Bei den Kohlenhydraten empfehle ich ihm statt Pasta lieber Gemüse und Obst sowie das Müsli am Morgen.

Training einmal am Tag

Bei nur einer Trainingseinheit gibt es morgens ein stärkendes Kohlenhydrat-Frühstück mit Eiweißanteil und Obst. Das kann genauso Vollkornbrot mit Quark und Kräutern sein wie Käseomelett und Müsli.

Später steht auf dem Speisezettel ein kohlenhydrathaltiger kalter oder warmer Snack – je nach Geschmack, Jahreszeit und Wetter –, also Joghurt mit Banane, Clafoutis mit Früchten (S. 152), Mango-Lassi oder eine Suppe wie Kartoffel- oder Gemüsesuppe.

Mittags ist ein gut verträgliches kaltes Essen mit viel Kohlenhydraten wichtig. Nudel- und Getreidesalat passen ebenso wie Grießpudding mit Obst. Wichtig ist, dazu genügend zu trinken, um den Flüssigkeitshaushalt des Körpers zu unterstützen.

Am Abend wieder mehr Proteine

Nach dem anstrengenden Training am Nachmittag gibt es ein warmes frühes Abendessen, das sowohl die Glykogenspeicher durch Kohlenhydrate wieder füllt als auch den Eiweißstoffwechsel durch Proteine unterstützt. Das funktioniert super mit Kartoffelsalat und Hackbällchen, Fleisch aus dem Wok mit Gemüse und Reis, gegrilltem Thunfisch mit Brokkoli und Brot. Der Nachtisch kombiniert mit Obst – etwa Pudding mit Beeren – liefert nochmal Vitalstoffe und ist gut für die Seele.

Etwa zwei Stunden später gibt es zum Abschluss des Tages noch einen eiweißhaltigen Abendsnack. Mit Hühnchen-Sesam-Frikadellen (S. 80), Ricotta-Pancakes (S. 112) oder Buttermilch werden Zellen und Muskeln gefüttert. Aber auch ein Spiegelei und Putenbrustaufschnitt sind jetzt noch für Leistungssportler empfehlenswert, um die Regeneration über Nacht zu optimieren.

Training zweimal am Tag

Wird zweimal am Tag trainiert, liegen die Einheiten oft vormittags und nachmittags. Dann gibt es morgens etwa zwei Stunden vor dem Training nur ein Basisfrühstück. Es muss Kohlenhydrate zuführen, aber auch leicht verdaulich sein, damit es nicht zu lange im Magen liegt. Das klappt mit wenig Fett. Auch auf Hefeprodukte sollte wegen der Verdauung verzichtet werden. Ich serviere dann Hafervollkornflocken mit Joghurt und Obst, Lachs mit Vollkorntoast und Blaubeermuffins.

Spätestens zwei Stunden nach dem Morgentraining gibt es ein warmes Mittagessen, bei dem ich auf viele Kohlenhydrate und viel Flüssigkeit achte. Die Fisch- und Fleischmengen halte ich zu diesem Zeitpunkt eher klein. Dazu passen Hühnerbrühe mit Reis und Pilzen, danach dünne Kalbssteaks mit Süßkartoffelpüree und Spinat sowie ein Bananen-Smoothie zum Abschluss.

Auch anderthalb Stunden vor dem Nachmittagstraining gibt es einen leichten Kohlenhydratsnack, gerne auch zum Kaffee: Kuchen aus Rührteig oder Vollkornkekse schmecken gut dazu. Wer's lieber mag, nimmt Frischkäse-Sandwiches oder Graupensuppe.

Bis zu zwei Stunden nach der zweiten Trainingsphase gibt es ein warmes Abendessen. Das richtet sich zwar nach den Grundsätzen der Mittagsmahlzeit, sollte sich aber geschmacklich deutlich vom Mittagessen unterscheiden und darf ruhig ein bisschen weniger leicht (aber nicht schwer!) sein: gegrillte Champignons mit Möhren-Polenta (S. 76), Avocado-Bananen-Brot (S. 54), Crêpes mit Rhabarber (S. 156). Dieses Essen ist quasi die Belohnung für einen harten Sportlertag.

Als abendlichen Snack gibt es dann noch Vollkornbrot mit Käse oder Roastbeef, Chicken Wings (S. 92) oder Sommerrollen (S. 128).

ESSEN WÄHREND DER WETTKAMPFPHASE

Ein Turnier ist Schwerstarbeit für Körper und Geist. Das gilt erst recht für einen internationalen Wettkampf. Das ist nicht die Zeit für Experimente, sondern jetzt setzt man gerade in der Ernährung auf Bewährtes: Während die Fans nach Herzenslust die Küche des Gastlandes probieren und sich an Exotischem gütlich tun können, bekommen die Spieler das, was ihnen schmeckt und was ihnen gut tut. Dabei gibt es kein Patentrezept, denn die Geschmacksvorlieben und die Verträglichkeit von Lebensmitteln sind individuell und können von Sportler zu Sportler stark variieren. An den Tagen zwischen den Spielen ist das die oben beschriebene Trainingsernährung.

Orientiert euch am glykämischen Index

Für Wettkampftage gilt: Esst vor dem Einsatz am besten Speisen mit niedrigem bis mittlerem glykämischen Index: Ofengemüse (S. 74), Kalbssteak (S. 82) oder Gemüse-Oyster-Wok (S. 106), was den Blutzuckerspiegel möglichst konstant hält und eine Unterzuckerung vermeidet: Diese würde die Leistung deutlich mindern. Nach dem Turnier sind auch Lebensmittel mit hohem glykämischen Index gut, denn sie unterstützen das schnelle Wiederauffüllen der Glykogenspeicher.

An den Spieltagen geht es morgens los mit einem üppigeren Frühstück als sonst: Rührei, Vollkornbrötchen mit Wurst oder Käse, helle Brötchen mit Ricotta und Fruchtaufstrich oder Honig, Obst und Joghurt bieten einen guten Start in den Tag.

Wie es weitergeht, hängt davon ab, ob das Spiel nachmittags, am frühen Abend oder abends stattfindet: So oder so kommt dreieinhalb Stunden vorher ein leichtes, aber nahrhaftes warmes Essen auf den Tisch, der Pre-Match-Snack. Das können Spaghetti ebenso sein wie Cremepolenta oder Kartoffelpüree mit Tomatensauce, gegrilltes Gemüse oder Putensteaks. Jeder Spieler sollte dabei das zu sich nehmen, was er aus

Stets wach und leistungsbereit bleiben gehört zu den wichtigsten Fähigkeiten der Profis. Dabei hilft ein gleichmäßiger Blutzuckerspiegel.

AM WETTKAMPFTAG VOR DEM SPORT BITTE KEINE BLÄHENDE LEBENSMITTEL WIE HÜLSENFRÜCHTE UND KOHL ODER PAPRIKASCHOTEN, GURKEN, MELONEN, PILZE, MILCH (JE NACH TYP) ODER ZWIEBELN ESSEN, WEIL SIE EHER SCHWER VERDAULICH SIND.

seiner persönlichen Erfahrung heraus als leistungsfördernd empfindet. Jegliche Ballaststoffe, die die Verdauung beschäftigen, wären an solchen Tagen fehl am Platz. Bei spät beginnenden Spielen gibt es zusätzlich noch ein ähnliches leichtes Mittagessen.

Bis eine halbe Stunde vor dem Spiel können die Spieler einen kleinen Kohlenhydrat-Snack essen. Dafür oder als Pausenmahlzeit eignen sich Bananen, Trockenfrüchte oder Früchtebrot sowie Sandkuchen und Vollkornkekse.

Speicher wieder auffüllen

Wenn sich während des Spiels die Glykogenspeicher nach und nach leeren, setzt auch Erschöpfung ein. Dem kann man im Wettkampf mit den kleinen Pausenmahlzeiten, Proteinshakes und ausreichend Trinken entgegenwirken. Das sorgt für einen Energieschub. Zu beachten ist hier auch das internationale Fußball-Reglement. Möglichst bald nach dem Spiel gibt es dann eine umfangreichere warme Mahlzeit, mit der die Spieler ihre verbrauchten Reserven wieder auffüllen können. Denn nach der intensiven Belastung läuft der Stoffwechsel noch eine Weile auf Hochtouren und kann die Nährstoffe gut verwerten.

Gerade Kohlenhydrate sind auch jetzt wieder Trumpf, denn diese Speicher sind leer. Sie werden mit ein wenig Eiweiß für die Muskulatur

Front-Cooking ist meine Lieblingssituation bei der Essensausgabe am Büffet. Die Spieler sehen, wie die Essen zubereitet werden, sind neugierig und lassen sich vieles erklären. Dies nimmt Einfluss auf das Ernährungsbewusstsein.

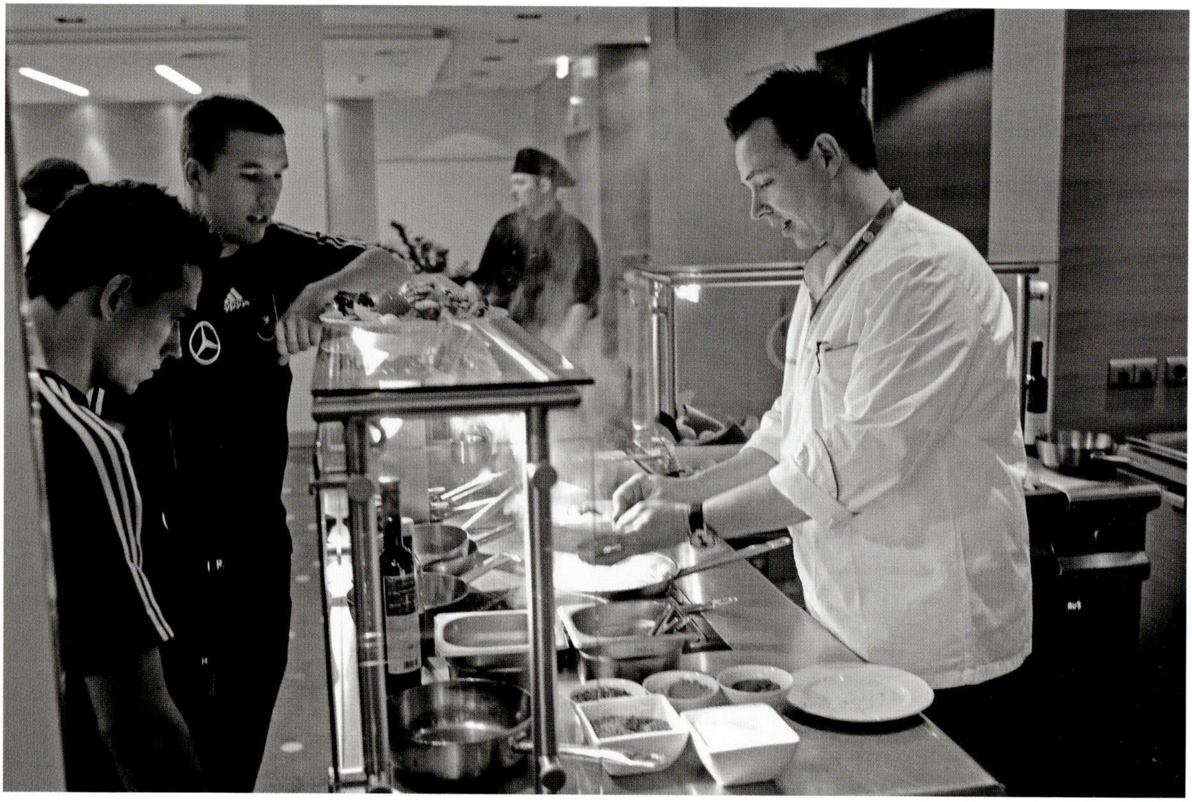

Was bleibt wie lange im Magen?

Generell gilt: Je fetter ein Nahrungsmittel, desto länger bleibt es im Magen. Das ist vorm Sport natürlich ungünstig, deswegen schauen wir genauer hin:

Wasser, Kaffee, Tee, Bier, fettarme Brühe, gekochter Fisch, gekochter weißer Reis	1–2 Stunden
Kaffee und Kakao mit Milch, gekochte Milch, Kartoffeln, Sahne, Kartoffelpüree, gekochtes feines Gemüse, weiches Obst, Weißbrot, Eier, Pudding	2–3 Stunden
Schwarzbrot, Vollkornbrot, gekochtes Hähnchen, gekochtes, gebratenes feines Rindfleisch, Schinken, Rührei, Kohlrabi, Möhren, Äpfel, Omelett	3–4 Stunden
Gebratenes Wild, Geflügel, gröberes Rindfleisch, Hülsenfrüchte, Schlangengurken, Überbackenes	4–5 Stunden
Hering, Speck, Thunfisch in Öl, Pilze	6–7 Stunden
Gänsebraten, Schweinshaxe, Ölsardinen, Kohl	7–8 Stunden

und den Proteinstoffwechsel ergänzt: Nudeln mit Brokkoli, Cashewkerne und Schafskäse, Kartoffelgnocchi mit Maispoulardenbrust, Rosmarin und Gemüse, warme Waffeln mit Passionsfrucht und Brombeersauce – das ist eine mögliche Variante eines Mannschaftsessens. Oder hättet ihr lieber: ofengegarte Paprika mit Rucola, Brotchips und Hüttenkäse, asiatische Lasagne mit Spinat und Joghurt-Dip, Apfel-Vollkornpfannkuchen mit Puderzucker und Apfelkompott?

Nicht wenige Sportler mögen allerdings ganz kurz nach dem anstrengenden Wettkampf noch nichts essen. Für sie sind kohlenhydratreiche Getränke wie Apfelsaft oder ein Bananen-Haferflocken-Shake (Leichte Beute, S. 60) empfehlenswert.

Kohlenhydratloading oder Superkompensation

Diese spezielle Ernährungstechnik wird immer wieder empfohlen, um die Kohlenhydratspeicher für höchste Belastungen maximal aufzuladen. Der Glykogengehalt in Muskulatur und Leber wir also überangepasst – superkompensiert. Das geschieht, indem vor dem Wettkampf der Anteil an Kohlenhydraten in den Mahlzeiten deutlich erhöht, während gleichzeitig die Trainingsbelastung reduziert wird. Dadurch werden die Glykogenspeicher größer und der Athlet kann Dauerbelastungen länger aushalten. Dieses Prinzip ist vor allem bei Ausdauerbelastungen über 90 Minuten sinnvoll und wird beispielsweise von Radprofis und Marathonläufern angewandt. Bei der Fußballnationalmannschaft wenden wir es nicht an. Ein Vergleich zeigt, wieso: Ein 80 kg schwerer Marathonläufer verbraucht je nach Schnelligkeit zwischen 330 und 700 Kilokalorien in 30 Minuten, ein Rennradfahrer bis zu 410 und ein Fußballer bis zu 340.

Nicht jeder hat einen Beraterstab, wie es in der Nationalmannschaft der Fall ist. Im Amateurbereich muss der Trainer alle Aspekte allein im Blick haben.

FUSSBALLTRAINER SPECIAL – WIE SAG ICH'S DEM TEAM?

Wenn du als Trainer einer Fußballmannschaft bis hierher gelesen hast, weißt du spätestens jetzt, wie wichtig eine gesunde, ausgewogene Ernährung für die Konzentration und eine gute sportliche Leistung ist. Vielleicht ist dir beim Lesen bereits aufgefallen, dass sich deine Schützlinge nicht so optimal ernähren. Wie bei allen Kindern, Jugendlichen und jungen Erwachsenen stehen bei ihnen vermutlich Pommes und Cola hoch im Kurs, und auf einen Salat dazu verzichten sie gern. Und selbst die Senioren-Elf greift lieber zu Schnitzel mit Bratkartoffeln und Speck als zu Fisch mit Gemüse. Oder die Spieler essen viel zu wenig vor dem Spiel und ermüden deswegen schneller. Zudem ist das gerade für Jugendliche im Wachstum sehr ungesund.

Leider haben Hobbysportler und auch Semiprofis normalerweise keine Betreuung in punkto Ernährung. Wenn du als Trainer dich dieser Aufgabe annimmst, füllst du also ein Vakuum. Damit hast du zwar vor allem zu Beginn noch eine weitere Aufgabe zu erfüllen, aber wenn sich dies positiv auf die Gesundheit und Fitness deiner Mannschaft auswirkt, dürften bald auch die sportlichen Erfolge nicht ausbleiben. Ist eine ausgewogene Sportlerernährung erst einmal im Verein etabliert, kann die dafür aufgebrachte Zeit anschließend wieder für andere Aufgaben genutzt werden.

SENSIBILISIERUNG DES TEAMS

Als engagierter Trainer nimmst du dir vermutlich regelmäßig Zeit, um den Spielern etwas über Taktik und Spielstrategien zu vermitteln. Vielleicht setzt du dich auch gemeinsam vor den Fernseher und analysierst die Spitzenspiele der Bundesliga, der Champions League oder der letzten WM. Genauso kannst du außerhalb der Saison einen Workshop „Fitness und Ernährung" ansetzen. Das ist deswegen die beste Zeit, weil einerseits der Trainingsdruck nicht hoch ist und andererseits eine Ernährungsumstellung in Richtung Ausgewogenheit eine gewisse Zeit braucht und ihr Resultat in Form von höheren Leistungen und weniger Verletzungen dann in der Saison zum Tragen kommen kann.

Als Grundlage für solch einen Workshop können dir meine Anregungen zum Ernährungstagebuch auf Seite 30 dienen. Rege deine Mannschaft dazu an, mindestens eine Woche, besser 14 Tage lang solch eine Übersicht zu erstellen. Beginne den Workshop dann mit der Analyse der Essgewohnheiten deiner Mannschaft. Hebe dabei weniger hervor, was schlecht ist, sondern vor allem, was gut ist und was verbessert werden kann. Achte dabei auf:

* die Lebensmittel an sich
* die jeweilige Menge der Nahrungsmittel
* die Zeitpunkte des Essens
* die Situationen, in denen gegessen wird

Im Alleingang ist es schwieriger

Suche dir Unterstützung für dieses Projekt. Das kann ein engagierter Hobbykoch oder eine ambitionierte Mutter aus dem Verein sein. Vielleicht unterstützt auch der Sponsor deines Vereins dein Engagement und stellt dir für den Nachmittag eine oder einen Ernährungsberater/in an die Seite. Oder du findest einen Ernährungsfachmann, der dir kostenlos hilft, wenn dafür ein entsprechender Artikel in der Zeitung erscheint. Ganz cool wird es, wenn du vielleicht einen Bundesliga-Profi findest, der von seinen Ernährungserfahrungen berichtet.

Vor allem für Jugendliche kann es eine tolle Erfahrung sein, gesunde Nahrungsmittel auch einmal zu probieren. Denn in vielen Familien wird sehr gleichförmig gekocht, sodass mancher viele Nahrungsmittel gar nicht kennt. Etwas Anschauungsmaterial zum Kosten lockert außerdem das Ganze auf und macht Lust auf mehr.

Im nächsten Schritt entwickelst du dann einen gemeinsamen Ernährungsplan. Der sollte vor allem Basics enthalten, die gut zu bekommen, leicht zuzubereiten sind und schmecken. Das Prinzip der „bunten" Ernährung ist schön plastisch, leicht zu merken und funktioniert bestens:

- Weiß: Blumenkohl, Bananen, Zwiebeln, Kartoffeln, Sellerie
- Grün: Grüne Blattsalate, Brokkoli, Spinat, grüner Spargel, frische Kräuter, grüne Äpfel
- Blau/Violett: Blaubeeren, Pflaumen, blaue Trauben, Brombeeren, Auberginen
- Orange/Gelb: Möhren, Aprikosen, Zitrusfrüchte, Pfirsiche, Mangos, Papaya, Melone
- Rot: Tomaten, Wassermelone, Kirschen, Beeren, rote Äpfel

Den krönenden Abschluss oder den Beginn eines nächsten Workshops zur Fitness-Ernährung könnte ein gemeinsam gekochtes Essen bilden.

Frische ist Trumpf – die Sache mit den E-Nummern

Egal ob Ravioli aus der Dose, Pizza aus dem Tiefkühlfach oder Kuchen aus der Backmischung – heutzutage gibt es fast jedes Gericht schon vorgefertigt. Und all diese Produkte werden reichlich gekauft. Wie kannst du deiner Mannschaft nahebringen, dass frisch zu kochen trotzdem besser ist? Ganz einfach: Nimm ein beliebtes Fertigprodukt und lies mit den Spielern die Zutaten. Sehr schnell stoßt ihr auf Begriffe, die keiner kennt und die eher an den Chemieunterricht erinnern. Versucht gemeinsam herauszubekommen, was sich hinter all den „Anti ..." und E-Nummern verbirgt. Wollt ihr das wirklich essen?

MIT DER MANNSCHAFT UNTERWEGS

Ein anderer wichtiger Aspekt, bei dem du als Trainer deine Mannschaft ernährungstechnisch unterstützen kannst, ist die Verpflegung bei Auswärtsspielen. Lege den Spielern ein gutes Frühstück ans Herz. Gib ihnen eine Liste an die Hand mit Snacks oder Verpflegung für unterwegs:

- Reiskräcker, Pumpernickel oder Finn Crisp Brot
- Bircher Müsli
- Geflügelbrust-Aufschnitt
- Getrocknete Früchte und Nüsse
- Obst
- Vollkornkekse und Cookies
- Kaltes Omelett/Tortilla

Es ist besser, wenn die Spieler Obst und belegte Vollkornbrote mitnehmen, anstatt Schokoriegel bzw. Pommes zu essen. Besonders wichtig ist, dass jeder ausreichend kohlensäurefreie Getränke dabei hat.

UND JETZT –
JETZT –
RAN AN DIE
REZEPTE!

FRÜHSTÜCK

Wer jung ist, schläft gerne aus. Frühstücken spielt da keine Rolle – „Ich kann ja stattdessen auch noch eine halbe Stunde länger schlafen". Profisportler wissen aber: Ohne Frühstück läuft nichts. Es legt die Grundlage für den Tag. Die Energie, die morgens nicht zur Verfügung steht, holt sich der Körper aus den Reserven. Und die brauchen wir doch noch. Also: Raus aus den Federn, ran ans Frühstück!

Das Müsli lieber selber machen, denn Individualität zählt – beim Essen genauso wie auf dem Platz!

GETOASTETES MÜSLI

ZUTATEN

FÜR DIE KOKOSNUSSFLOCKEN

80 g	Kokosnuss, frisch zu Flocken gehobelt

FÜR DIE MÜSLIMISCHUNG

125 g	Butter
200 g	Akazienhonig
etwas	Zimtblüte, gemahlen (oder Zimt)
500 g	weiche Haferflocken
80 g	Sonnenblumenkerne
120 g	Mandeln, geschält
60 g	Kürbiskerne
60 g	Cashewkerne
80 g	Roggenflocken
60 g	Cranberries
200 g	getrocknete Früchte (Feigen, Aprikosen, Äpfel)

FÜR DEN JOGHURT-QUARK

250 g	Speisequark (20 % Fett)
70 g	Naturjoghurt
2 EL	Leinöl
1 EL	Blütenhonig
	Zitrone, entsaftet (nach Belieben)

ZUBEREITUNG

1. Für die Kokosnussflocken Kokosnuss ausbrechen und fein hobeln. Dann auf ein Blech mit Backpapier legen und im Ofen bei 140 °C ca. 25 Minuten langsam knusprig trocknen. Kokosraspeln schmecken selbst gemacht viel besser als gekaufte – die Mühe lohnt sich!

2. Ofen nun auf 170 °C vorheizen.

3. Die Butter und den Akazienhonig in einem Kochtopf langsam bei mittlerer Hitze so lange kochen, bis sich die Masse verbindet. Hin und wieder gut umrühren.

4. Anschließend alle übrigen Zutaten für die Müslimischung bis auf die getrockneten Früchte in einer Schüssel gut miteinander vermischen und langsam die Butter-Honig-Masse darübergießen. Alles gut verrühren. Darauf achten, dass alle Zutaten gleichmäßig mit der Butter-Honig-Masse überzogen sind.

5. Ein Backblech mit Backpapier auslegen, die Müslimischung darauf verteilen. Im Ofen ca. 25 Minuten lang toasten. Müsli ab und zu wenden, damit es gleichmäßig bräunt. Danach auskühlen lassen.

6. In der Zwischenzeit die getrockneten Früchte in kleine Würfel schneiden und unter das ausgekühlte Müsli geben.

7. Für den Joghurt-Quark den Speisequark, den Naturjoghurt, das Leinöl und den Blütenhonig in einer Schüssel gut miteinander verrühren bis eine cremige Masse entsteht. Eventuell mit einem Spritzer Zitronensaft abschmecken.

8. Nun die Müslimischung auf dem Quark verteilen und genießen.

VORRAT, 373 kcal à 100 g
EW 10 g, F 20 g, KH 35 g

LANGE HALTBAR

Die Müslimischung hält sich in einem luftdicht verschlossenen Gefäß etwa einen Monat lang.

ÜBERKRUSTETES HAFERMÜSLI

ZUTATEN

200 g	Haferflocken
60 g	Kokosnussflocken
1 EL	Backpulver
1 ½ TL	Zimt
½ TL	Meersalz
60 ml	Wasser
60 g	Ahornsirup
1	großes Ei
300 ml	Kokosmilch
3 EL	Butter, weich
2 TL	Vanillemark
2	Bananen
185 g	Blaubeeren

ZUBEREITUNG

1. Haferflocken und Kokusnussflocken (siehe S. 51), Backpulver, Zimt und Meersalz in einer Schüssel vermengen.

2. In einer weiteren Schüssel Wasser, Ahornsirup, Ei, Kokosmilch, weiche Butter und das Vanillemark mit einem Stabmixer kurz durchmixen, bis eine sämige Masse entsteht.

3. Die Bananen, schälen, in dünne Scheiben schneiden und in eine gebutterte, ofenfeste Form legen, darauf die Blaubeeren verteilen.

4. Erst die Haferflocken-Kokosnuss-Mischung auf den Blaubeeren und Bananen verteilen, dann die Ahornsirup-Kokosmilch-Masse gleichmäßig darüber verstreichen. Anschließend die Form kurz etwas durchrütteln, damit sich die Masse gleichmäßig verteilt.

5. Das überkrustete Hafermüsli bei 190 °C für 40–50 Minuten im Ofen backen und anschließend warm servieren.

4 PORTIONEN, 1 PORTION 482 kcal
EW 11 g, F 22 g, KH 58 g

ENERGIE FÜR DIE GANZE MANNSCHAFT

Diese warme Müslivariante schmeckt lecker und ist ein guter Energielieferant. Für frühe Ligaspiele, zu denen Spieler gerne mal „ungefrühstückt" erscheinen: Es kann ganz leicht am Tag zuvor vorbereitet und dann für die Mannschaft mitgenommen werden.

SAUERTEIGBROT MIT AVOCADO UND BANANE

ZUTATEN

2	reife Avocados
2 TL	Olivenöl
	Meersalz
	Pfeffer, schwarz, frisch gemahlen
2	Bananen
4	große Scheiben Roggen-Sauerteigbrot
1	Peperoni

**4 PORTIONEN, 1 PORTION 450 kcal
EW 7 g, F 24 g, KH 48 g**

ZUBEREITUNG

1. Avocados schälen, Kern entfernen, das Fruchtfleisch in kleine Würfel schneiden, vorsichtig mit dem Olivenöl vermischen und mit Meersalz und Pfeffer abschmecken. Bananen schälen und in Scheiben schneiden.

2. Die Roggenbrotscheiben in einer Pfanne ohne Öl von beiden Seiten toasten. Peperoni halbieren, von den Kernen befreien und in feine Scheiben schneiden.

3. Avocadomasse großzügig auf den Brotscheiben verteilen, mit den Bananenscheiben fächerartig belegen. Zum Schluss mit der Peperoni garnieren.

KURKUMA-QUARK

ZUTATEN

100 g	Sonnenblumenkerne
100 g	Möhren, geschält und klein geschnitten
1 Msp.	Kardamom
1 TL	Kurkuma
250 g	Quark (40 % Fett)
1 Prise	Meersalz
1 EL	Agavendicksaft

4 PORTIONEN, 1 PORTION 412 kcal
EW 14 g, F 19 g, KH 42 g

ZUBEREITUNG

1. Sonnenblumenkerne, Möhren, Kardamom und Kurkuma in einen Mixer geben. Alle Zutaten zu einer Paste mixen. Nun Quark, Meersalz und Agavendicksaft hinzufügen, alles zusammen weitere 2 – 3 Minuten mixen, bis eine schöne Masse entsteht.

KURKUMA

Kurkuma wird in vielen Ländern als Heilmittel verwendet. Es hat eine antiseptische und entzündungshemmende Wirkung und soll sogar gegen Krebs vorbeugen.

AUCH ALS DIP ODER BEILAGE

Der Quark schmeckt hervorragend z. B. zum hartgekochten Frühstücksei, als Brotaufstrich oder als Gemüse-Dip. Er kann auch als Snack, Mittag- oder Abendessen zu Pellkartoffeln oder Ofengemüse im Pergament und Bratkartoffeln gereicht werden.

APFELBROT

ZUTATEN

500 g	Äpfel (Boskop)
100 g	Rohrzucker
125 g	Sultaninen
2	Zitronen, entsaftet
½ TL	Zimt
1 Prise	Nelken, gemahlen
½ EL	Kakao
65 g	Haselnüsse, grob gehackt
250 g	Dinkelmehl
1 TL	Backpulver

4 PORTIONEN, 1 PORTION 605 kcal
EW 13 g, F 13 g, KH 105 g

ZUBEREITUNG

1. Äpfel gut waschen und mit der Schale reiben. Rohrzucker, Sultaninen und Zitronensaft zu den Äpfeln geben, alles gut durchmengen und 12 Stunden im Kühlschrank ziehen lassen. Anschließend aus dem Kühlschrank nehmen und mit Zimt, Nelken, Kakao und den Haselnüssen vermengen.

2. In einer separaten Schüssel Dinkelmehl mit Backpulver vermengen. Apfelmasse nun vorsichtig mit dem Mehl vermischen, sodass ein feuchter Teig entsteht.

3. Eine schmale Kastenform mit Backpapier auslegen, die Teigmasse hineingeben, Teigoberfläche mit Backpapier einschlagen und leicht andrücken.

4. Apfelbrot im vorgeheizten Ofen bei 150 °C ca. 40 Minuten backen. Anschließend den Ofen auf 200 °C stellen und den Teig weitere 45 Minuten backen.

SNACK FÜR UNTERWEGS

Das Apfelbrot ist nicht nur ein Brot, es kann auch ohne Aufstrich oder Beilagen wunderbar als gesunder Snack für Zwischendurch mitgeführt werden (z. B. bei Trainingsaufenthalten oder auf Lehrgängen).

BANANEN-HAFERFLOCKEN-SHAKE „LEICHTE BEUTE"

ZUTATEN

2	Bananen
½	Ananas
¼	Vanilleschote, ausgekratztes Mark
130 g	Haferflocken
200 g	Eiswürfel
200 ml	kaltes Wasser
1 EL	Leinöl

ZUBEREITUNG

1. Bananen und Ananas schälen. Ananas vierteln und den Strunk entfernen.

2. Die Früchte nun mit dem ausgekratzten Vanillemark, Haferflocken, der Hälfte der Eiswürfel und dem kalten Wasser in einen Mixer geben. Auf starker Stufe kurz durchmixen, dann nach und nach den Rest der Eiswürfel zugeben. Zum Schluss das Leinöl zugeben, ein letztes Mal kurz aufmixen und sofort servieren.

4 PORTIONEN, 1 PORTION 223 kcal
EW 5 g, F 5 g, KH 10 g

Genau das Richtige für Frühstücksmuffel. Flott zu trinken und einfach lecker!

„WAKE UP CALL"

ZUTATEN

80 g	Rote Bete
1	Zitrone, geschält
140 g	Salatgurke, gewaschen
1	Birne, gewaschen
1	Apfel, gewaschen
80 g	Brokkoli, gewaschen
80 g	Staudensellerie, gewaschen
80 g	Radieschen, gewaschen
1	Peperoni, gewaschen, entkernt
1	kleine Tomate, gewaschen
50 g	Ingwer, geschält
80 g	Ananas, geschält
80 g	Mango, entkernt, geschält
80 g	Brombeeren, gewaschen
80 g	Heidelbeeren, gewaschen
150 g	Möhren, geschält

ZUBEREITUNG

1. Alle Zutaten nach und nach in einem Entsafter (Zentrifuge) entsaften und in einem großen Glas servieren.

4 PORTIONEN, 1 PORTION 118 kcal
EW 3 g, F 1 g, KH 22 g

Ein Anreger: Er weckt die Lebensgeister, regt den Stoffwechsel an und stimuliert die Geschmacksnerven.

HAUPTGERICHTE

Wer intensiv Sport treibt, braucht sehr viel Energie. Kalorien zählen ist meist nicht das Problem von Profis oder fitten Amateuren – sie müssen sehen, dass sie mit dem Essen genügend Nährstoffe und vor allem die richtigen zum richtigen Zeitpunkt und im richtigen Mix zu sich nehmen. Die Hauptmahlzeit darf reichhaltig und bunt sein. Und es schadet auch nicht, wenn ein Essen richtig gut aussieht.

TOMATENSUPPE „SPEZIAL"

ZUTATEN

1,2 kg	frische, reife und geschmackvolle Tomaten
200 g	Zwiebeln
2 EL	Olivenöl
400 g	Möhren, geschält und in Stifte geschnitten
40 g	Rohrzucker
	Meersalz
100 g	reife Cherrytomaten, gewaschen und halbiert
½	Basilikumbund, Blätter grob gehackt
120 g	Parmesan, frisch gehobelt
	Pfeffer
2	Baguettebrötchen, vom Vortag, in grobe Würfel geschnitten

ZUBEREITUNG

1. Die Strünke der Tomaten mit einem kleinen Messer herausschneiden. Tomaten ca. 10 Sekunden in kochendem Wasser blanchieren und anschließend in kaltem Wasser abschrecken. Die Haut entfernen und die enthäuteten Tomaten in grobe Würfel schneiden. Zwiebeln schälen und in feine Streifen schneiden.

2. Olivenöl in einem Topf erhitzen und die Zwiebelstreifen darin farblos anschwitzen. Anschließend Möhrenstifte, Tomatenwürfel, Rohrzucker und etwas Meersalz zugeben. Bei mittlerer Hitze mindestens 20 Minuten köcheln lassen.

3. Kurz vor dem Anrichten halbierte Cherrytomaten, Basilikumblätter sowie Parmesan dazugeben. Mit Meersalz und Pfeffer abschmecken.

4. Zum Schluss die Brotwürfel hinzugeben und servieren.

4 PORTIONEN, 1 PORTION 384 kcal
EW 18 g, F 14 g, KH 43 g

Diese beliebte Suppe entstand 2010 bei der WM in Südafrika. Mertesacker würde für die „Spezialo" durch die Themse schwimmen!

ROTKOHLSCHAUMSUPPE MIT GARNELEN

ZUTATEN

8	Garnelen/Kaisergranat, tief-gefroren
1½ EL	Olivenöl
½	Birne
etwas	Butter
1	kleiner Rotkohl
8	Schalotten, geschält und fein geschnitten
100 g	Weißes vom Lauch, gewaschen und fein geschnitten
500 ml	Geflügelfond
2	Lorbeerblätter
2	Thymianstängel
	Muskatnuss, gemahlen
	Meersalz
	Pfeffer, schwarz, frisch gemahlen
250 ml	Sahne
30 g	Parmesan, frisch gerieben

ZUBEREITUNG

1. Garnelen auftauen lassen. Danach ausbrechen und den Darm entfernen. Kurz vor dem Servieren der Suppe in einer sehr heißen Pfanne mit wenig Olivenöl auf jeder Seite ca. 30 Sekunden braten.

2. Die Birne schälen, eine Hälfte in Würfel schneiden und in etwas Butter 3 Minuten bei mittlerer Hitze anschwitzen, zur Seite stellen.

3. Den Rotkohl kleinschneiden und entsaften (durch eine Zentrifuge bzw. Entsafter lassen).

4. Schalotten und den Lauch in etwas Butter farblos anschwitzen. Mit Geflügelfond und dem gewonnenen Rotkohlsaft ablöschen. Nun mit den Kräutern, Meersalz und Muskatnuss würzen und auf die Hälfte einkochen lassen. Anschließend alles durch ein Sieb geben und gut durchdrücken.

5. Anschließend Sahne und Parmesan in die Suppe geben und mit einem Mixer pürieren, mit Meersalz und Pfeffer würzen. Birnenwürfel und Garnelen in die Teller verteilen, die Suppe aufschäumen, darübergießen und sofort servieren.

4 PORTIONEN, 1 PORTION 549 kcal
EW 34 g, F 39 g, KH 12 g

BUNTES ESSEN

Für mich als Koch ist es wichtig, Kontakt zu den Spielern herzustellen, um sie auf Ernährungsfragen aufmerksam zu machen. Wenn sie in den Kochtopf schauen und sehen eine lila Suppe – wird erst mal gestaunt. Das weckt die Neugier, und wer neugierig ist, macht sich auch eher bewusst, was er isst und warum es gut für ihn ist.

GEBRATENER GEMÜSEREIS MIT KNOBLAUCH-CRUNCH

ZUTATEN

60 g	Ingwer
4	Knoblauchzehen
300 ml	Rapsöl zum Frittieren
	Meersalz
200 g	Reis/Naturreis
600–800 g	rohes, frisches Gemüse und Pilze der Saison, fein geschnitten bzw. gehobelt (Paprika, Champignons, Möhren, Zuckerschoten, Frühlingslauch, Kürbis, Sellerie, Schalotten oder Zwiebeln …)
1	Peperoni, je nach gewünschtem Schärfegrad mit oder ohne Kerne, fein gewürfelt
1 EL	Koriandergrün, Rucola, Basilikum oder anderes Blattgrün, geschnitten
3 EL	Sesamöl
4–6 EL	Sojasauce
4 EL	Fischsauce (Asialaden)
4	Eier
	Pfeffer

4 PORTIONEN, 1 PORTION 523 kcal
EW 18 g, F 25 g, KH 53 g

ZUBEREITUNG

1. Für den Crunch Ingwer und Knoblauch schälen, beides mit einer scharfen Küchenreibe in feinste Späne reiben. Die Späne ausdrücken und den Saft auffangen. Anschließend die ausgedrückten Späne lockern und in Rapsöl bei ca. 120 °C frittieren. Das Öl darf nicht zu heiß werden, da der Knoblauch sonst bitter wird. Beim Frittieren regelmäßig mit einer Gabel rühren. Sobald kaum noch Bläschen im Fett zu sehen sind, das Öl durch ein Sieb seihen und den Crunch auf ein Küchenpapier geben. Mit Salz würzen, an einen warmen Ort stellen und weiter abtropfen lassen.

2. Reis unter laufendem Wasser in einem Sieb abspülen und mit 300 ml Wasser und einer Prise Salz in einem Topf zum Kochen bringen. Umrühren, zudecken und ca. 20 Minuten bei kleiner Hitze garen. Anschließend mit einer Gabel etwas auflockern.

3. In der Zwischenzeit das Gemüse und die Peperoni in einen vorgeheizten großen flachen Topf, eine beschichtete Pfanne oder einen Wok geben. Sesamöl zugießen und mit etwas Salz würzen. Gemüse bei großer Hitze farblos etwa 3–5 Minuten lang anschwitzen. Anschließend mit asiatischer Fisch- und Sojasauce ablöschen, den gewonnenen Ingwer-Knoblauch-Saft hinzufügen, umrühren und die Kräuter sowie den gekochten Reis zugeben.

4. Alles gut miteinander verrühren, nochmals mit Fisch- und Sojasauce abschmecken und auf vorgewärmten Tellern anrichten.

5. Die Eier mit etwas Rapsöl in einer beschichteten Pfanne als Spiegeleier zubereiten, mit Meersalz und Pfeffer würzen und auf den Gemüsereis setzen. Crunch auf die Eier verteilen und mit etwas Grün garnieren.

Der Gemüsereis ist eine super Eiweißquelle und geschmacklich eine wahre Gaumen-Disco!

GEBACKENER BUTTERNUSS-KÜRBIS MIT KRÄUTERQUARK

ZUTATEN

1 TL	Fenchelsamen
1 TL	Piment
1 TL	Thymian
1 TL	Koriander
1 TL	Kardamon
1	Kafirlimettenblatt
1 TL	Zitronengras
1 TL	Sternanis
	Meersalz
2 EL	Rohrzucker
2 TL	Knoblauch gerieben
2 TL	Ingwer, gerieben
1 TL	Currypulver
1	Orange, abgeriebene Schale
1 kg	Butternusskürbis
6 EL	Butter
300–400 g	Bohnen
400 g	Magerquark
4 EL	Olivenöl
6 EL	Kräuter (Schnittlauch, Petersilie, Basilikum, Estragon etc.), frisch gehackt
6 EL	Frühlingslauch, geputzt und fein geschnitten
	Pfeffer, schwarz, frisch gemahlen

ZUBEREITUNG

1. Für die Gewürzmischung alle Gewürze in einem Mörser oder einer Kaffeemühle mahlen. Mit Meersalz, Rohrzucker, Knoblauch, Ingwer, Currypulver und dem Abrieb der Orange vermengen.

2. Kürbis mit einem großen Messer längs in zwei Hälften schneiden und die Kerne mit einem Löffel herauskratzen. Butter und Gewürzmischung in die Aushöhlungen geben, mit der anderen Hälfte zusammenklappen und anschließend gut in Alufolie einschlagen.

3. Bei 180 °C (Umluft) ca. 45–60 Minuten (je nach Dicke des Kürbis) im Ofen garen.

4. Die Bohnen in gut bis stark gesalzenem Wasser weich kochen.

5. Magerquark mit dem Olivenöl, gehackten Kräutern, Frühlingslauch, Meersalz und Pfeffer verrühren und abschmecken. Gegebenenfalls mit Milch oder Wasser verdünnen.

6. Kürbis aus der Folie nehmen und die Gewürz- Butter auf dem Kürbisfleisch verstreichen. Die gekochten Bohnen auf dem Kürbis verteilen. Kräuterquark daraufgeben und mit Schnittlauch garnieren.

4 PORTIONEN, 1 PORTION 410 kcal
EW 18 g, F 23 g, KH 30 g

BOHNEN LIEBER WEICH

Grüne Bohnen sollten nach dem Kochen keinen Biss mehr haben. Also nicht al dente sein. Werden Bohnen zu hart gekocht, kann dies zu Bauchschmerzen führen. Außerdem schmecken knackige Bohnen nicht gut.

Ein Essen für Kochmufffel – ganz easy zubereitet.

OFENGEMÜSE IM PERGAMENTPAPIER

ZUTATEN

200 g	rote Paprika
200 g	gelbe Paprika
200 g	lila Möhren
200 g	Zucchini
200 g	rote Zwiebeln
4	Knoblauchzehen
2	Rosmarinstängel
1	Thymianbund
6 EL	Olivenöl
	Meersalz
	Pfeffer, schwarz, frisch gemahlen

ZUBEREITUNG

1. Ofen auf 190 °C vorheizen. Alle Gemüse waschen, putzen, schälen, in Rauten schneiden und auf ein mit Pergamentpapier ausgelegtes Backblech legen.

2. Knoblauchzehen andrücken und mit Rosmarin und Thymian über das Gemüse geben. Olivenöl auf dem Gemüse verteilen, Gemüse gut durchmischen, damit sich das Olivenöl verteilt, mit Meersalz und Pfeffer würzen und anschließend bei 190 °C ca. 10 – 15 Minuten garen.

4 PORTIONEN, 1 PORTION 201 kcal
EW 3 g, F 16 g, KH 10 g

GEMÜSE MUSS SCHMECKEN ...

... sonst kann man es vielen Sportlern oft nicht gut „verkaufen". Aber das ist kein Problem: Denn Gemüse schmeckt ja auch hervorragend. Wichtig ist eine gute Zubereitung – z. B. wie hier im Ofen. Durch das Backen werden die Gemüsepflanzen entwässert und der Geschmack wird intensiver. Die verschiedenen Geschmacksnoten dieses Ofengemüses kommen so wunderbar zur Geltung. Und bestimmt fragt hier keiner: Wo ist denn das Fleisch?

GEGRILLTE CHAMPIGNONS MIT MÖHREN-POLENTA

ZUTATEN

3 EL	Schalotten, geschält und gewürfelt
500 ml	Karottensaft
85 g	Polenta
1 Msp.	Kardamom
	Meersalz
	Pfeffer, schwarz, frisch gemahlen
4–8	große braune Champignons (Portobello-Champignons)
2 EL	Rapsöl
1	Knoblauchzehe
1	Chilischote
1	Thymianzweig
4 EL	Butter
150 g	Salatherzen (z.B. Frisee, Baby-leaf, Babyspinat, Brunnenkresse, Rucola) und Saisonkräuter
1 EL	Agavendicksaft
2 EL	Zitronensaft oder Obstessig (z.B. Apfelessig)
50 g	Parmesan, frisch gehobelt

ZUBEREITUNG

1. Schalotten in einem Topf ohne Öl anrösten, mit ca. der Hälfte des Karottensaftes ablöschen und aufkochen. Die Polenta einrühren, Kardamon zugeben und nach und nach den Rest des Karottensaftes zugeben. Mit Meersalz und frisch gemahlenem Pfeffer würzen.

2. Champignons putzen, mit etwas Meersalz und Rapsöl würzen und in einer vorgeheizten, beschichteten Pfanne anbraten. Knoblauch schälen und fein hacken. Chilischote entkernen und ebenfalls fein hacken, Thymian zupfen und alles mit etwas Butter auf die Champignons geben. Bei 180 °C ca. 4 Minuten in der Pfanne im Ofen bei Ober- und Unterhitze garen.

3. Salat und Kräuter waschen, trockenschleudern und in mundgerechte Stücke zupfen. Agavendicksaft mit Zitronensaft bzw. Obstessig verrühren und mit etwas Meersalz würzen. Den Salat vor dem servieren mit dieser Marinade vermengen.

4. Polenta auf einen vorgewärmten Teller geben, Champignons auf die Polenta setzen, Kräutersalat daraufgeben und mit Parmesanhobel bestreuen.

**4 PORTIONEN, 1 PORTION 293 kcal
EW 10 g, F 17 g, KH 23 g**

NICHT AM SPIELTAG

Auch Gurken, Paprika und Melone liegen schwerer im Magen, als man glauben könnte. Also nichts für den Spieltag, sonst aber immer gerne, denn gesund und lecker sind sie allemal.

Veggie-Day für heiße Tage – aber nicht am Spieltag, denn die Pilze sind schwer verdaulich und liegen dann im Magen.

WARMES SUSHI –
VEGETARISCH ODER MIT SAIBLING

ZUTATEN

250 g	Risottoreis
2	Schalotten, geschält und fein gewürfelt
2 EL	Sesamöl
	Weißwein
500 ml	Geflügelbrühe
10 g	Wasabipaste, Schärfegrad nach Belieben (Asialaden)
200 g	Ricotta
	Pfeffer, schwarz, frisch gemahlen
4	Noriblätter (Asialaden)
½	Korianderbund
160 g	Saibling, roh und frisch
3 EL	Sesam, geröstet
1 Msp.	blaue Blüten (Reformhaus)
125 g	eingelegter Ingwer (Asialaden)

ZUBEREITUNG

1. Den Risottoreis in einem breiten, flachen Topf mit den Schalotten und dem Sesamöl farblos anschwitzen und mit einem Schuss Weißwein ablöschen. Bei mittlerer Hitze einreduzieren, nach und nach Geflügelbrühe hinzugeben und wieder reduzieren lassen. Die Prozedur so lange wiederholen, bis der Reis gar ist. Nach Bedarf salzen.

2. Wasabi in einer separaten Schüssel mit Ricotta vermengen. Die Wasabi-Ricotta-Mischung unter den Risotto heben und mit Pfeffer abschmecken. Noriblätter fein schneiden und vom Korianderstängel die Blätter zupfen.

3. Den Saibling in feine, ca. 0,5 cm große Stücke schneiden.

4. Den Risotto auf einem Teller anrichten und mit den Noriblättern, Koriander, blauen Blüten, Sesam und eingelegtem Ingwer garnieren. Die Saiblingstücke auf den noch heißen Risotto legen, somit wird der Saibling leicht gegart.

4 PORTIONEN, 1 PORTION 489 kcal
EW 20 g, F 22 g, KH 49 g

Warmes Sushi? Da gibt's Gesprächsbedarf, und so soll es auch sein. Der Geschmack überzeugt dann jeden Zweifler.

SESAMFRIKADELLEN MIT BROKKOLI-PAPRIKA-GEMÜSE

ZUTATEN

600–800 g	Brokkoli
1	Paprikaschote (gelb oder rot)
2 EL	Sesamöl
1 Prise	Meersalz
40 g	Sesam
1 Dose	Mais
2	Kafirlimettenblätter (alternativ auch Minze oder Zitronenmelisse)
½	Peperoni
700 g	Hühnerhackfleisch (aus Brust)
2 EL	Rapsöl

4 PORTIONEN, 1 PORTION 474 kcal
EW 48 g, F 20 g, KH 22 g

ZUBEREITUNG

1. Für die Gemüsebeilage Brokkoli waschen und in sehr feine Scheiben schneiden. Paprikaschote waschen, entkernen und in kleine Würfel schneiden. Sesamöl in einer Pfanne erhitzen. Brokkoli in die Pfanne geben, mit Meersalz würzen und zugedeckt 2 Minuten braten. Anschließend Paprikawürfel hinzugeben und weitere 2 – 3 Minuten ohne Deckel mitbraten.

2. Für die Frikadellen Sesam kurz in einer Pfanne ohne Öl anrösten und abkühlen lassen. Mais aus der Dose grob hacken. Kafirlimettenblätter sehr fein hacken. Peperoni waschen und halbieren, eine Hälfte entkernen und fein schneiden. Nun alle Zutaten mit dem Hühnerhackfleisch verrühren. Aus der Masse kleine Frikadellen formen. Rapsöl in einer beschichteten Pfanne erhitzen und die Frikadellen von beiden Seiten goldbraun braten.

3. Zum Anrichten auf dem Teller ein Gemüsebett formen, die Frikadellen darauflegen und mit einem Klecks Chili-Sauce (siehe S. 142) garnieren.

GEMEINSAMKEIT AUCH BEIM ESSEN

Frikadellen sind leicht gemacht und beliebt, jeder mag sie. In dieser Version sind sie mit Sesam aufgepeppt und mit dem leckeren Brokkoligemüse aufgewertet. Nutzt die Möglichkeit, einmal gemeinsam zu kochen und zu essen. Das macht nicht nur Spaß, es stärkt den Teamgeist und bringt den Spielern, die sich sonst nicht so dafür interessieren, auch noch das Thema Ernährung nahe (siehe auch S. 43).

KALBSSTEAKS MIT THUNFISCHCREME

ZUTATEN

100 g	Kürbis, geschält und in Stücke geschnitten
100 g	violette Kartoffeln, ungeschält und in Stücke geschnitten
100 g	Möhren, geschält und in dünne Streifen geschnitten
100 g	Kartoffeln, geschält und in Streifen geschnitten
100 g	Süßkartoffeln, geschält und in Stücke geschnitten
20 ml	Olivenöl
	Pfeffer, schwarz, frisch gemahlen
30 g	Petersilie, gehackt
1	Knoblauchzehen, geschält und fein gewürfelt
30 g	Parmesan, frisch gerieben
1 Prise	Meersalz
1 kg	Minuten-Steaks vom Kalb
2 EL	Rapsöl
50 g	Thunfisch, aus der Dose, im eigenen Saft
10 g	Marillenmarmelade
50 g	Crème fraîche
30 g	Oliven, schwarz, fein gehackt
½	Limette, entsaftet

ZUBEREITUNG

1. Für das Ofengemüse alle geschnittenen Gemüse- und die Kartoffelstücke mit Olivenöl in einer Schüssel marinieren und auf einem mit Backpapier ausgelegten Blech bei 200 °C 30 Minuten im Ofen garen.

2. Im Anschluss frischen Pfeffer über das fertige Ofengemüse streuen, die gehackte Petersilie, Knoblauch und den geriebenen Parmesan darübergeben.

3. Die Kalbssteaks mit Rapsöl einstreichen und kurz in einer beschichteten Pfanne ohne zusätzliches Öl auf höchster Stufe von beiden Seiten anbraten. Danach die Steaks in der Pfanne bei 100 °C für ca. 6 Minuten in den Backofen geben. Mit Meersalz und Pfeffer würzen.

4. Für die Thunfischcreme den Thunfisch in einem Sieb abtropfen lassen und in eine Schüssel geben. Marillenmarmelade, Crème fraîche, die gehackten Oliven und den Limettensaft hinzugeben und mit dem Pürierstab zu einer cremigen Masse verarbeiten. Mit Meersalz und gemahlenem schwarzem Pfeffer abschmecken.

5. Die Steaks auf das Ofengemüse setzen und mit einem Klacks Thunfischcreme garnieren.

**4 PORTIONEN, 1 PORTION 544 kcal
EW 60 g, F 23 g, KH 19 g**

PERFEKT FÜR DIE NUMMER 1

Ein Mittagessen für den Torhüter am Spieltag (siehe auch S. 36), weil es keine stärkefreien Kohlenhydrate hat. Die Feldspieler sollten dazu noch eine große Portion Püree, Pasta oder Reis essen, damit ihr größerer Energiebedarf gedeckt wird.

PASTA MIT BANANE UND SPECK

ZUTATEN

500 g	Pasta
1	Banane
80 ml	kräftiges Olivenöl
30 g	Parmesan, frisch gerieben, und etwas zum Bestreuen
1	Knoblauchzehe, geschält und in sehr kleine Würfel gehackt
30 g	Pinienkerne, geröstet
1	Rosmarinzweig, frisch gehackt
80 g	luftgetrockneter Speck, in Streifen geschnitten
2	Schalotten, geschält und fein geschnitten
60 g	Kräuterseitlinge oder Champignons
½	Peperoni, rot, entkernt und fein geschnitten
	Meersalz
	Pfeffer, schwarz, frisch gemahlen
20 g	Salbei, frisch und fein gehackt

ZUBEREITUNG

1. Pasta nach Packungsanweisung in gesalzenem Wasser „al dente" kochen.

2. Inzwischen die Banane schälen und in kleine Würfel schneiden. Die Bananenwürfel mit der Hälfte des Olivenöls, Parmesan, Knoblauchwürfelchen, geröstete Pinienkerne und Rosmarin vorsichtig vermengen.

3. Speckstreifen, Schalotten und Pilze mit dem restlichen Olivenöl in einer beschichteten Pfanne hellbraun anschwitzen, Peperoni hinzugeben und mit Salz und Pfeffer abschmecken.

4. Die fertig gekochte Pasta nun in die Pfanne geben, alles kurz durchschwenken. Im Anschluss das Bananenragout hinzugeben.

5. Pasta mit frischem Salbei und geriebenem Parmesan servieren.

4 PORTIONEN, 1 PORTION 857 kcal
EW 27 g, F 35 g, KH 105 g

Bananen sind DER Sportlersnack. Aber mit Nudeln? Seine Zweifel muss man überwinden, denn der Kontrast mit dem Speck ist einfach genial!

GEFÜLLTE TOMATEN

ZUTATEN

8	große Tomaten
400 g	Rinderhackfleisch
300 g	Babyspinat, gewaschen und geputzt
2 EL	Mandelmus
	Meersalz
	Pfeffer, schwarz, frisch gemahlen
150 ml	passierte Tomaten
2	rote Zwiebeln, geschält und in Spalten geschnitten
100 g	Oliven, schwarz, ohne Kerne
1	Rosmarinzweig, gehackt
150 g	Thai-Spargel
3 EL	Olivenöl

4 PORTIONEN, 1 PORTION 496 kcal
EW 29 g, F 36 g, KH 11 g

ZUBEREITUNG

1. Wasser in einem Topf zum Kochen bringen, Tomatenhaut vorsichtig kreuzförmig einritzen und im heißen Wasser ca. 2 Minuten blanchieren, bis die Haut sich leicht lösen lässt. Tomaten komplett von der Haut befreien und beiseite legen.

2. Das Rinderhackfleisch in eine Schüssel geben, mit Spinat, Mandelmus, Meersalz und Pfeffer vermengen und abschmecken.

3. Die gehäuteten Tomaten vorsichtig aushöhlen (von den Kernen und dem inneren Strunk befreien, Tomatenfleisch beiseitelegen). Nun die Tomaten bis zum oberen Rand mit der Rinderhackmasse füllen. In eine ofenfeste Form geben.

4. Passierte Tomaten mit dem Tomatenfleisch aus den ausgehöhlten Tomaten, mit den Zwiebelspalten, Oliven und Rosmarin in die Auflaufform geben, mit Meersalz und Pfeffer abschmecken und im vorgeheizten Ofen ca. 30 – 50 Minuten bei 180 °C garen.

5. Thai-Spargel in einer Pfanne mit Olivenöl ca. 10 Minuten anbraten. Gut durchschwenken.

6. Auflaufform aus dem Ofen holen, den Spargel darüber geben (bei Bedarf in Stücke schneiden) und direkt in der Form oder auf einem Teller servieren.

Gefüllte Tomaten mag jeder. Nur Lahm hätte lieber Paprika. In der Küche ist aber nun mal Stromberg der Kapitän.

CARBONARA FÜR GEWINNER

ZUTATEN

125 g	Speck, fein gewürfelt
125 g	Zwiebeln
100 g	Eigelb
300 ml	Teamsauce (siehe S. 140)
500 g	Spaghetti

4 PORTIONEN, 1 PORTION 841 kcal
EW 27 g, F 36 g, KH 97 g

ZUBEREITUNG

1. Speckwürfel ohne Öl in eine erhitzte Pfanne geben und anschwitzen. Zwiebeln schälen, in feine Würfel schneiden, zum Speck geben und weitere 5 Minuten braten.

2. Spagetti nach Packungsanweisung „al dente" kochen. In der Zwischenzeit das Eigelb mit der Teamsauce vermengen, sofort nach Abseihen des Kochwassers mit den heißen Spaghetti vermischen und anrichten.

AL DENTE MUSS SEIN

Klar, Spaghetti müssen al dente gekocht werden. Aber nicht nur der Geschmack ist dann besser. Sie werden auch später verstoffwechselt, was für den Energieabruf über längere Zeit sehr wichtig ist. Verkochte Nudeln helfen da nicht. Apropos al dente: Wer für viele Leute Spaghetti kocht, sollte die Nudeln im großen Topf 2–3 Minuten weniger lang kochen, als auf der Packung steht, denn sie werden sonst zu weich.

MILCHLAMMKEULE MIT ORIENTALISCHEN KARTOFFELN

ZUTATEN

1	Petersilienzweig
5	Thymianzweige
1	Rosmarinzweig
3	Knoblauchzehen
50 ml	Olivenöl
50 ml	Weißwein
1,2 kg	Milchlammkeule
	Meersalz, grob
1	Ingwerstück, wallnussgroß, geschält und gerieben
2 EL	Vollrohrzucker
40 ml	Fischsauce
3	Kafirlimettenblätter (Asialaden)
1	Schalotte, geschält
1 TL	Chilipulver
1 TL	Kurkumapulver
1 TL	Kreuzkümmel, fein zerstoßen
3	Kardamomsamen, zerstoßen
1	Limette, geschält
400 g	Kartoffeln
200 g	Süßkartoffeln
4	reife Strauchtomaten

ZUBEREITUNG

1. Für die Marinade die Petersilie, 3 Thymianzweige und den Rosmarinzweig zupfen und fein hacken. 2 Knoblauchzehen schälen und mit dem Handballen andrücken. Olivenöl, Weißwein, Kräuter und Knoblauch zu einer Marinade verrühren.

2. Milchlamm gründlich mit der Marinade einreiben. Mindestens 3 Stunden ruhen lassen.

3. Anschließend das Milchlamm in einem großen Bräter ohne Öl von allen Seiten anbraten, bis es eine schöne Farbe annimmt. Danach mit ca. 1 Liter Wasser übergießen und im vorgeheizten Ofen bei 140 °C ca. 2 Stunden garen. Zwischendurch das Lamm immer wieder mit dem im Bräter entstandenen Fond übergießen. Mit einem Fleischthermometer die Kerntemperatur messen; liegt diese bei 62 – 65 °C, ist das Lamm schön rosa.

4. Meersalz, 2 weitere Thymianzweige, 1 Knoblauchzehe, Ingwer, Vollrohrzucker, Fischsauce, Kafirlimettenblätter, Schalotte, Chili- und Kurkumapulver, Kreuzkümmel, Kardamomsamen und die Limette in einen Cutter geben bzw. mit dem Stabmixer zu einer Gewürzpaste verarbeiten.

5. Kartoffeln und Süßkartoffeln gut waschen und putzen und ungeschält in ca. 1 cm große Würfel schneiden. Mit der Gewürzpaste vermengen.

6. Strauchtomaten waschen, grob würfeln und mit den gewürzten Kartoffeln in den Bräter zur Keule geben und ca. 20 Min mitgaren.

7. Kartoffeln und Tomaten auf einen Teller geben und eine Scheibe Milchlamm darauflegen, mit etwas Fleischsauce begießen und servieren.

4 PORTIONEN, 1 PORTION 1036 kcal
EW 59 g, F 67 g, KH 42 g

Zu den orienta-
lischen Kartoffeln
meint Thomas Müller
schlicht und einfach:
„Weltklasse!"

CHICKEN WINGS MIT RÖSTBROT UND GUACAMOLE

ZUTATEN

1	Zitronengrasstängel
1	Peperoni
1	Knoblauchzehe
25 g	Ingwer
1	Limette, entsaftet
50 ml	Agavendicksaft
1 EL	spanisches (geräuchertes) Paprikapulver
1 TL	Currypulver
1 Prise	Meersalz
1,3 kg	Hähnchenflügel

GUACAMOLE

1	reife Avocado, geschält, Kern entfernt
½	Limette, entsaftet
15 g	Chili, in kleine Würfel geschnitten
½	Schalotte, geschält und in Würfel geschnitten
1 EL	Olivenöl
1 Prise	Meersalz
1 Prise	Koriandersamen
4	Krustenbrotscheiben

ZUBEREITUNG

1. Für die Marinade der Chicken Wings Zitronengras waschen und in grobe Stücke schneiden. Peperoni waschen, halbieren, von den Kernen befreien und grob zerkleinern. Knoblauchzehe sowie den Ingwer schälen und in Stücke schneiden. Nun alles zusammen mit dem Limettensaft in eine Küchenmaschine oder Mörser geben und eine homogene Paste mixen.

2. Anschließend die Paste mit dem Agavendicksaft in einer großen Schüssel vermengen. Nun Paprika- sowie Currypulver und Meersalz hinzugeben, alles gut miteinander vermischen.

3. Hähnchenflügel waschen, trockentupfen, in eine Schüssel geben und gut mit der Marinade vermengen.

4. Anschließend die Flügel in einer Reine auf ein Backblech geben und bei 170 °C (Umluft, Grill) 15 Minuten lang backen, einmal umdrehen und auf mittlerer Schiene weitere 10 Minuten backen, damit die Chicken Wings eine knusprige Haut bekommen.

5. Für die Guacamole alle Zutaten in einer Schüssel zu einer homogenen Masse vermischen.

6. Das Krustenbrot in einer beschichteten Pfanne von beiden Seiten anrösten, bis es Farbe annimmt.

7. Chicken Wings auf einem Teller anrichten, einen Klecks Guacamole daneben setzen und das Röstbrot anlegen.

4 PORTIONEN, 1 PORTION 988 kcal
EW 58 g, F 65 g, KH 34 g

GUACAMOLE = FETT

Dieses Essen hat einiges an Fett. Für Sportler kein Problem, sie brauchen Fett, und das Pflanzenfett in der Guacamole ist auch noch sehr gesund (siehe S. 16).

GEBRATENE ENTENLEBER MIT ROTKOHL UND SCHALOTTEN

ZUTATEN

500 g	Entenleber, frisch
3 EL	Mehl
2 EL	Rapsöl
60 g	Butter
5	Thymianstängel, Blätter gehackt
1½ EL	Honig
1 EL	Nussöl
200 g	Rotkohl, fein gehobelt
	Meersalz
3 EL	Balsamico oder Orangensaft
	Muskatnuss, gemahlen
	Pfeffer, schwarz, frisch gemahlen oder winterliche Gewürzmischung
1–2	Schalotten, geschält und in Ringe geschnitten
1 EL	Balsamico

**4 PORTIONEN, 1 PORTION 362 kcal
EW 16 g, F 24 g, KH 19 g**

ZUBEREITUNG

1. Entenleber waschen, trocken tupfen, putzen, in Mehl wenden und in einer vorgeheizten Pfanne mit Rapsöl auf beiden Seiten 2 Minuten lang braten. Kurz vor Ende der Bratzeit die Hitze zurückschalten und 50 g Butter und Thymian zugeben. Leber noch einmal gut in der schaumigen Butter wenden und aus der Pfanne nehmen.

2. Einen halben EL Honig und Nussöl in einer großen, beschichteten Pfanne erhitzen. Rotkohl zugeben, mit Meersalz würzen und ca. 2 – 4 Minuten bei großer Hitze immer wieder schwenken. Zwischendurch mit Balsamico bzw. Orangensaft ablöschen. Mit Muskatnuss und frisch gemahlenem Pfeffer oder auch einer winterlichen Gewürzmischung abschmecken. Anschließend aus der Pfanne nehmen und warm stellen.

3. 1 – 2 EL Butter in eine beschichtete Pfanne geben, Schalottenringe und 1 EL Honig zugeben und ca. 1 Minute unter ständigem Rühren karamellisieren lassen. Mit Balsamico ablöschen, Thymianblätter dazugeben und wieder alles einkochen lassen. Mit Meersalz und frisch gemahlenem Pfeffer abschmecken.

4. Karamellisierten Rotkohl auf einen Teller geben, gebratene Entenleber daraufsetzen, mit etwas Meersalz bestreuen und die Honig-Schalotten darüber platzieren.

LEBER AB UND ZU

Leber ist sehr reich an Mineralstoffen. Natürlich isst man das nicht jeden Tag, aber ab und zu gehört sie auf den Speiseplan. Man kann statt Entenleber auch andere Geflügelleber oder sogar Kaninchenleber nehmen.

PUTENSPIESSE MIT GURKEN-OLIVEN-SALAT

ZUTATEN

FÜR DIE MARINADE

3 EL	Erdnussöl
30 g	Ingwer, geschält und fein gewürfelt
20 g	Chilischote, entkernt und fein gewürfelt
2 TL	Currypulver
1	Limette, entsaftet
40 ml	Fischsauce (Asialaden)
40 ml	Austernsauce (Asialaden)
90 ml	Shoyusauce bzw. Sojasauce (Asialaden)
50 ml	Agavendicksaft

FÜR DIE SPIESSE

300 g	Putenfleisch, mager
4	lange Holzspieße
1	Salatgurke (600 g)
100 g	Cocktailtomaten, gewaschen und halbiert
50 g	Kalamata-Oliven, entsteint und halbiert
3 EL	weiße Bohnen, aus der Dose
1 EL	Olivenöl
	Stromberg's Spezialmarinade für den Salat (siehe S. 122)
	Meersalz
	Pfeffer, schwarz, frisch gemahlen

ZUBEREITUNG

1. Für die Marinade der Spieße das Erdnussöl in einem Topf leicht erhitzen, Ingwer- und Chiliwürfel hinzufügen. Leicht anschwitzen, dann Currypulver kurz mitrösten und mit Limettensaft ablösen. Fisch-, Austern-, Shoyu- bzw. Sojasauce und Agavendicksaft hinzufügen und alles gut verrühren.

2. Putenfleisch in 2 cm lange Streifen schneiden, in die Marinade einlegen, ca. 10 Minuten ziehen lassen und danach wellenförmig auf die Holzspieße aufspießen. Eine Grillpfanne ohne Öl erhitzen, Putenspieße von beiden Seiten ca. 3 Minuten anbraten.

3. Für den Salat Salatgurke schälen, in Rauten schneiden und in eine Schüssel geben. Halbierte Cocktailtomaten, Oliven, weiße Bohnen und Olivenöl ebenfalls hinzugeben und vermischen.

4. Salat nach Belieben mit der Stromberg*-Marinade (siehe S. 122) marinieren, nach Bedarf mit Meersalz und Pfeffer abschmecken. Salat auf einem Teller anrichten und die Putenspieße darauflegen.

4 PORTIONEN, 1 PORTION 445 kcal
EW 25 g, F 20 g, KH 37 g

TRADITIONELLE WÜRZSAUCEN

Shoyu ist der japanische Name für Soja. In Asialäden gibt es eine Vielzahl an Sojasaucen, die sich hinsichtlich der Qualität unterscheiden können. Industriell gefertigte Saucen sind die Regel und preiswerter als die traditionell gefertigten, die während der Herstellung mehrere Monate lang reifen müssen.

TRUTHAHNSANDWICH MIT BRIE UND PREISELBEEREN

ZUTATEN

400 g	Truthahnbrust
2 EL	Olivenöl
80 g	Schalotten, geschält und in Ringe geschnitten
1 TL	Honig
2 EL	Balsamico
200 g	Brie
4	Ciabattabrötchen
80 g	Rucola
90 g	Preiselbeeren (gesüßt)
	Meerettich bzw. Tabasco

4 PORTIONEN, 1 PORTION 483 kcal
EW 36 g, F 21 g, KH 36 g

ZUBEREITUNG

1. Truthahnbrust waschen und trocken tupfen. Anschließend in einer beschichteten Pfanne in 1 EL Olivenöl von beiden Seiten goldbraun braten.

2. Schalotten in einer Pfanne mit 1 EL Olivenöl kurz anbraten, bis diese Farbe bekommen. Danach Honig sowie Balsamico hinzugeben und ein paar Minuten schmoren lassen.

3. Den Brie und die Truthahnbrust in ca. 2 cm breite Scheiben schneiden.

4. Ciabattabrötchen aufschneiden, Rucola auf die untere Hälfte legen, darauf die Truthahnscheiben sowie den Brie anrichten und dann die Balsamicozwiebeln sowie die Preiselbeeren obenauf legen. Mit der anderen Ciabattabrötchenhälfte zuklappen und servieren.

5. Bei Bedarf auf den Brie etwas Meerrettich oder einen Spritzer Tabasco geben für die gewisse Schärfe.

„Soul Food" – das Sandwich mag einfach jeder, und man kann es auch zum Selberbelegen ins Büffet stellen.

ROTBARSCH MIT BLUMENKOHL UND KARTOFFELPÜREE

ZUTATEN

600 g	Rotbarschfilet, frisch
750 g	Blumenkohlröschen
800 g	mehlige Kartoffeln
170 ml	Milch
	Meersalz
	Pfeffer, weiß, frisch gemahlen
1 Msp.	Muskatnuss, gerieben
125 g	Butter
150 g	Semmelbrösel
3	Eier, gekocht
1 EL	Olivenöl
½	Orange, abgeriebene Schale
20 g	Schnittlauchstängel, fein geschnitten

4 PORTIONEN, 1 PORTION 709 kcal
EW 46 g, F 40 g, KH 37 g

ZUBEREITUNG

1. Rotbarschfilets gegebenenfalls von Gräten befreien. Blumenkohl-röschen in Salzwasser kochen und in Eiswasser abschrecken. Kartof-feln schälen, vierteln und in Salzwasser weich kochen.

2. Die gekochten Kartoffeln mit der Milch in einen Topf geben und mit dem Kartoffelstampfer zu Püree verarbeiten. Mit Meersalz, weißem Pfeffer und Muskatnuss abschmecken.

3. Die gegarten Blumenkohlröschen in einer Pfanne in Butter gold-braun anbraten. Semmelbrösel hinzugeben. Die gekochten Eier ha-cken und ebenfalls in die Pfanne geben. Alles gut durchschwenken.

4. Rotbarschfilets in einer beschichteten Pfanne in etwas Olivenöl von beiden Seiten goldbraun anbraten und mit dem Abrieb einer halben Orange abschmecken.

5. Kartoffelpüree in die Mitte des Tellers setzen, Blumenkohl außen herum anrichten, Rotbarsch auf das Kartoffelpüree setzen. Zum Schluss den Fisch mit Meersalz und fein geschnittenen Schnittlauch-röllchen bestreuen.

„Blumenkohl polnisch" heißt dieses Gericht. Podolski liebt es und nimmt es sehr genau damit. Das darf nur ich ihm servieren.

FRISCH PANIERTE FISCHSTÄBCHEN

ZUTATEN

1	kleiner Chinakohl (wahlweise Weiß- oder Spitzkohl)
3 EL	brauner Zucker
3 EL	Weißweinessig
1–2 TL	Sambal Oelek
2–3 EL	Sesamöl
1	Kohlrabi
½ EL	Ingwer, gewürfelt
2	Chilischoten, entkernt und fein gehackt
½	Korianderbund
2 EL	geröstete, gesalzene Erdnüsse
500 g	Fischfilet, z.B. Kabeljau oder Heilbutt
2	Toastbrotscheiben vom Vortag (oder Paniermehl)
	Meersalz
	Pfeffer
3 EL	Mehl
1	Ei
100 g	Butterschmalz
2 EL	Butter

ZUBEREITUNG

1. Für den Chinakohlsalat die äußeren Kohlblätter entfernen, den Rest in feine Streifen schneiden. Braunen Zucker in einer Schüssel zum Kohl geben, vermischen und mit einem Holzstößel oder einem großen Kochlöffel gut durcharbeiten; dadurch wird der Kohl leicht gequetscht und kann die Marinade besser aufnehmen. Anschließend Chinakohl mit Weißweinessig, Sambal Oelek und Sesamöl mischen.

2. Kohlrabi schälen, in dünne Stifte schneiden und zusammen mit den Chili- und Ingwerwürfeln unter den Salat mischen.

3. Koriander waschen, trocknen und grob hacken. Erdnüsse ebenfalls hacken. Beides über den Salat streuen.

4. Fischfilet in fischstäbchengroße Streifen schneiden. Toast durch ein grobes Sieb reiben. Fischstäbchen mit Meersalz und Pfeffer würzen. Anschließend in Mehl, dann in aufgeschlagenem Ei und zum Schluss in den Bröseln panieren. Butterschmalz in einer Pfanne erhitzen und die Fischstäbchen von beiden Seiten ca. 5 Minuten lang goldbraun backen. Kurz bevor der Fisch fertig ist, 2 EL Butter zugeben.

5. Chinakohlsalat auf einem Teller anrichten und die Fischstäbchen daraufsetzen.

4 PORTIONEN, 1 PORTION 599 kcal
EW 29 g, F 40 g, KH 26 g

Ein einfacher Klassiker, der selbst gemacht noch viel leckerer schmeckt. Und: Man weiß dann ganz genau, was drin ist.

HEILBUTT MIT APRIKOSEN-CHILI-THYMIAN-KRUSTE

ZUTATEN

160 g	Cocktailtomaten, gehäutet
4 EL	Olivenöl
80 g	Butter
½	Knoblauchzehe, geschält und gehackt
2	Sternanis
1 TL	Fenchelsamen
200 g	Babyspinat, gewaschen
4	Heilbuttfilets à 150 g
	Rapsöl
120 g	Aprikosen, gewaschen und getrocknet
1	Chilischote, gehackt
2–4	Thymianstängel, Blätter fein gehackt
30 g	Semmelbrösel
¼	Zitrone, abgeriebene Schale
	Meersalz
	Pfeffer, frisch gemahlen

4 PORTIONEN, 1 PORTION 451 kcal
EW 33 g, F 32 g, KH 4 g

ZUBEREITUNG

1. Die Tomaten leicht mit dem Handrücken andrücken und in einem Topf mit Olivenöl, Butter, Knoblauchwürfeln, Sternanis, Fenchelsamen und einer Prise Meersalz ca. 8 – 10 Minuten bei mittlerer Hitze abgedeckt im eigenen Saft schmoren lassen. Am Ende der Zeit den Spinat unterheben und 30 Sekunden mitköcheln lassen.

2. Heilbuttfilets mit je einem Tropfen Rapsöl einstreichen. In einer beschichteten Pfanne auf beiden Seiten ca. 1 Minute anbraten und wieder aus der Pfanne nehmen.

3. Für die Kruste die Aprikosen und den Chili fein hacken und miteinander vermengen. Die Thymianblätter abzupfen und mit Semmelbröseln und dem Zitronenabrieb vermischen. Mit Meersalz und Pfeffer abschmecken.

4. Die Aprikosen-Semmelbrösel-Mischung über die Fischfilets streuen und ca. 5 – 6 Minuten im Ofen (Oberhitze/Grill) bei 160 °C bräunen. Durch das Braten in der Pfanne und das Garen im Ofen wird der Fisch ganz sanft gar gezogen.

5. Im Anschluss die Schmelztomaten mit dem Spinat mittig auf einem Teller anrichten und den gratinierten Fisch anrichten.

FISCH = PROTEINE

Fisch liefert proteinreiche Mahlzeiten. Gut für Sportler, die Fisch mögen. Am besten isst man so ein Gericht am Abend, weil die Zellen für ihr Regenerationswerk in der Nacht Proteine brauchen (siehe S. 16 ff).

GEMÜSE-OYSTER-WOK MIT GEBRATENEM LACHS

ZUTATEN

1	Kohlrabi
1	Paprika, rot
2	Paprika, gelb
1	rote Zwiebel
2	Möhren
200 g	Zuckerschoten
200 g	Shiitake-Pilze
5 EL	Sesamöl
1 Prise	Meersalz
150 ml	Oystersauce (auch ohne Glutamat erhältlich)
1	Limette, entsaftet
1	Korianderbund
600 g	Lachsfilet

ZUBEREITUNG

1. Sämtliches Gemüse schälen, waschen, wenn nötig entkernen und in mundgerechte Formen schneiden. Pilze putzen und die Stiele entfernen.

2. Eine beschichtete Pfanne mit 3 EL Sesamöl erhitzen. Gemüse und Pilze darin anschwitzen. Eine Prise Meersalz hinzugeben, abdecken und für 2 – 3 Minuten dünsten. Anschließend Oystersauce und Limettensaft zum Gemüse geben. Kurz vor dem Anrichten Koriander klein schneiden und zugeben.

3. Lachsfilet in einer Pfanne mit 2 EL Sesamöl kurz von beiden Seiten anbraten und mit dem Gemüse servieren.

4 PORTIONEN, 1 PORTION 602 kcal
EW 37 g, F 36 g, KH 28 g

SNACKS UND GRUNDREZEPTE

Für den kleinen Hunger zwischendurch gibt es viele gesunde und leicht zubereitbare Alternativen zu gekauften Riegeln und Ähnlichem. Sie schmecken besser, sehen oft besser aus und wir wissen genau, was wir zu uns nehmen. Um Salate und andere Speisen schmackhaft zu machen, empfiehlt es sich außerdem, ein paar Grundrezepte parat zu haben, die man oft im Voraus zubereiten kann.

BRUSCHETTA

ZUTATEN

1	Ciabatta (ca. 12 Scheiben)
6	reife Tomaten, gewaschen
1 Prise	Meersalz
	Pfeffer, frisch gemahlen
1 EL	Balsamico, weiß
3 EL	Pinienkerne, geröstet
1	Basilikumbund, Blätter abgezupft
100 ml	Olivenöl
70 g	Parmesan, frisch gerieben
100 g	Rucola

ZUBEREITUNG

1. Ciabatta ohne Öl im Ofen bei 180 °C oder in einer Pfanne ca. 5 Minuten rösten.

2. Tomaten in feine Würfel schneiden, mit Salz und Pfeffer würzen und mit weißem Balsamico abschmecken.

3. Pinienkerne, Basilikum und Olivenöl in ein hohes Gefäß geben und mit einem Stabmixer zu einem Pesto mixen. Nach und nach geriebenen Parmesan hinzugeben und abschmecken.

4. Pesto auf die gerösteten Ciabatta-Scheiben streichen und großzügig mit den Tomaten belegen. Mit Rucola garnieren und anrichten.

4 PORTIONEN, 1 PORTION 554 kcal
EW 15 g, F 37 g, KH 36 g

Bruschetta ist bei der National-mannschaft ein absoluter Renner. Da müssen mindestens 100 Stück her für ein Büffet.

RICOTTA-PANCAKES

ZUTATEN

500 g	Ricotta
100 g	Dinkelmehl
90 g	Mandelgrieß
1 Prise	Kurkumapulver
1 Prise	Muskatnuss, gerieben
3	Eigelb, aufgeschlagen
1 Prise	Meersalz
1	Möhre, geschält und fein gerieben
1	Zucchini, gewaschen und fein gerieben
½	Päckchen Backpulver
3	Eiweiß
4 EL	Rapsöl

ZUBEREITUNG

1. Ricotta mit allen Zutaten (außer dem Eiweiß und dem Rapsöl) zu einer homogenen Masse verrühren.

2. Eiweiß in einer separaten Schüssel steif schlagen und vorsichtig unter die Ricottamasse heben.

3. Rapsöl in einer beschichteten Pfanne erhitzen und die Pancakes bei mittlerer Hitze auf beiden Seiten goldbraun herausbacken.

4 PORTIONEN, 1 PORTION 513 kcal
EW 26 g, F 35 g, KH 20 g

SUESS ODER HERZHAFT

Die Pancakes können ganz nach Belieben süß mit Apfelmus oder als herzhafter Snack mit Ketchup genossen werden.

GEWÜRZ-EDAMAME UND KNUSPERNÜSSE

ZUTATEN

FÜR DIE EDAMAME

200 g	Edamame, TK-Produkt (Asialaden)
2 TL	Olivenöl
½ TL	Chilipulver
½ TL	Zwiebelsalz
½ TL	Kumin (Kreuzkümmel)
¼ TL	Paprikapulver
¼ TL	Pfeffer, schwarz, frisch gemahlen
ein paar	Basilikumblätter, fein geschnitten

FÜR DIE KNUSPERNÜSSE

120 g	Mandeln mit Schalenhaut
2	Thymianstängel, Blätter abgezupft
2	Zitronengrasstängel
1	Knoblauchzehe, angedrückt
4	Ingwerscheiben, geschält und in kleine Würfel geschnitten
160 g	Rohrzucker

ZUBEREITUNG

1. Edamame auftauen lassen. Alle Gewürze in einer Schüssel zu einer Gewürzmischung vermengen. Edamame mit der Gewürzmischung gut vermischen, in eine ofenfeste Form geben und bei 175 °C 12 – 15 Minuten im Backofen backen.

2. Für die Knuspernüsse alle Zutaten mit 240 ml Wasser in eine beschichtete Pfanne geben und bei mittlerer Hitze heiß werden lassen, bis alles köchelt, das Wasser verdampft und der Zucker kristallisiert ist (dauert ca. 15 Minuten). Danach die Nüsse zum Auskühlen auf ein mit Backpapier ausgelegtes Blech legen und in einer kleinen Schüssel als Snack servieren.

4 PORTIONEN, 1 PORTION 451 kcal
EW 12 g, F 22 g, KH 49 g

Im Hotel wird aller Süßkram erstmal aus dem Weg „geräumt". Dafür gibt es gesunde Alternativen wie diese Knabbereien.

BURRATA MIT TOMATE UND RUCOLA

ZUTATEN

4 Stück	Burrata
6 EL	Olivenöl
	Meersalz
	Pfeffer, schwarz, frisch gemahlen
500 g	Cherry-Strauchtomaten, gewaschen und halbiert
3	Bund Rucola, gewaschen und getrocknet
4	Krustenbrotscheiben
60 g	Pinienkerne, geröstet

ZUBEREITUNG

1. Die 4 Burrata in einer Schüssel mit Löffel und Gabel zerreißen. Mit Olivenöl, etwas Meersalz und frisch gemahlenem, schwarzem Pfeffer würzen und gut verrühren.

2. Halbierte Cherry-Strauchtomaten zugeben und abermals verrühren. Danach Rucola grob schneiden und behutsam unterheben.

3. Die Brotscheiben jeweils in 2 Hälften teilen und in einer heißen Pfanne ohne Öl rösten.

4. Burratasalat anrichten, nochmals mit Olivenöl beträufeln, mit den Pinienkernen bestreuen und das Röstbrot anlegen.

4 PORTIONEN, 1 PORTION 549 kcal
EW 19 g, F 43 g, KH 17 g

Steht Burrata auf dem Plan, gibt es Gedränge am Büffet. Ganz vorn mit dabei: Gomez und Schürrle, die lieben dieses Essen.

CREMIGER ALS MOZZARELLA

Burrata ist ein ähnlicher Käse wie Mozzarella, aber innen flüssiger, was dem Gericht eine schöne cremige Konsistenz verlieht.

LINSEN-EBLY-SALAT MIT FETA UND CHORIZO

ZUTATEN

120 g	Beluga-Linsen
1	Schalotte
5 EL	Olivenöl
75 g	Ebly
150 g	grüne Bohnen
200 g	Chorizo
70 g	getrocknete Aprikosen
2 TL	Marillenmarmelade
1	Zitrone, entsaftet
100 g	Fetakäse
	Meersalz
	Pfeffer, weiß, frisch gemahlen

4 PORTIONEN, 1 PORTION 583 kcal
EW 28 g, F 31 g, KH 43 g

ZUBEREITUNG

1. Beluga-Linsen in einem Sieb gut mit Wasser spülen, um die Stärke aus den Linsen zu waschen.

2. Schalotte schälen, in feine Würfel schneiden und in 1 EL Olivenöl anschwitzen. Nun die Beluga-Linsen hinzugeben und nach und nach mit Wasser auffüllen (ca. 500 ml). Anschließend 35 – 40 Minuten abgedeckt bei schwacher Hitze köcheln lassen, zwischendurch immer wieder umrühren.

3. Ebly nach Packungsanleitung kochen.

4. Grüne Bohnen ca. 7 Minuten in Salzwasser kochen und danach in Eiswasser abschrecken.

5. Chorizo in ca. 0,5 cm große Stücke schneiden. Anschließend in einer beschichteten Pfanne in 1 EL Olivenöl anbraten, bis die Wurst gut Fett verloren hat (in der Pfanne bildet sich ein Fettrand um die Wurst). Getrocknete Aprikosen in feine Streifen schneiden.

6. Nun Chorizo, Linsen, die grünen Bohnen, Ebly, Aprikosenstreifen und Marillenmarmelade in eine Schüssel geben und gut durchmischen. Zitronensaft, das restliche Olivenöl, den Fetakäse fein zerbröseln und dazugeben, dann alles vorsichtig mischen. Mit Meersalz und Pfeffer abschmecken und in einer kleinen Schüssel anrichten.

ROTE BETE MIT GRATINIERTEM ZIEGENKÄSE

ZUTATEN

600 g	kleine Rote-Bete-Knollen oder große Knollen geviertelt (diese dann 5 Minuten länger kochen lassen)
1	Knoblauchzehe
1	Limette, entsaftet
3 EL	Olivenöl
2 EL	Balsamico
2 EL	Leinöl
2 TL	Akazienhonig
	Meersalz
	Pfeffer, weiß, frisch gemahlen
250 g	Ziegenkäserolle
1 TL	Vollrohrzucker
¼	Schnittlauchbund, in feine Röllchen geschnitten

**4 PORTIONEN, 1 PORTION 392 kcal
EW 16 g, F 26 g, KH 20 g**

ZUBEREITUNG

1. Knoblauch schälen und in feine Würfel schneiden. Rote Bete mit den Knoblauchwürfeln, dem Limettensaft und dem Olivenöl bei 170 °C ca. 45 Minuten in Alufolie eingewickelt im Backofen garen.

2. Balsamico, Leinöl, Meersalz, Pfeffer und Akazienhonig gut miteinander zu einer Vinaigrette verrühren.

3. Die fertig gegarte Rote Bete auf dem Teller verteilen und mit der Vinaigrette marinieren.

4. Die Ziegenkäserolle in 2 cm breite Stücke schneiden und jeweils mit etwas Vollrohrzucker bestreuen. Dann die Rollen auf ein mit Backpapier ausgelegtes Blech legen und im vorgeheizten Ofen bei 220 °C Oberhitze/Grill ca. 2 Minuten backen, bis der Ziegenkäse eine Kruste bekommt. Im Anschluss die gratinierten Ziegenkäserollen mit der Roten Bete auf einem Teller anrichten und mit Schnittlauchröllchen garnieren.

CALAMARI UND CHOPPED SALAD

ZUTATEN

FÜR DIE STROMBERG*-SPEZIAL-MARINADE

50 g	Agavendicksaft
100 ml	weißer Essig
1 Prise	Meersalz
20 g	Ingwer, geschält und in Scheiben geschnitten
3	Knoblauchzehen, geschält und grob geschnitten
2	Chilischoten, entkernt und klein geschnitten

FÜR DEN SALAT

500 g	frisches Gemüse, Salate, Obst und Kräuter der Saison, z. B.:

– Paprika, rot, in Streifen geschnitten

– Paprika, gelb, in Streifen geschnitten

– Möhren geschält, in Stifte geschnitten

– Fenchel, geschnitten

– Gurke, gewaschen und entkernt

– Kirschtomaten, gewaschen und halbiert

– Frühlingslauch, gewaschen und fein geschnitten

– Champignons, in dünne Streifen geschnitten

– Radieschen, gewaschen und gesechstelt

– Rucola, gewaschen und getrocknet

– Radicchio, geschnitten

– verschiedene Kräuter (Kerbel, Petersilie, Koriander, Basilikum)

– Mango, geschält, entkernt und in Würfel geschnitten, oder Papaya

– Cranberries, getrocknet

FÜR DIE CALAMARI

800 g	Tintenfischringe
	Rapsöl zum Frittieren
50 g	Mehl
	Meersalz

ZUBEREITUNG

1. Für die Stromberg*-Spezialmarinade alle Zutaten in ein großes Schraubglas geben, verschließen und gut durchschütteln. Die Marinade ist sofort gebrauchsfähig – aber richtig gut erst nach ein paar Stunden. Im Kühlschrank wochenlang haltbar und griffbereit.

2. Für den Chopped Salad die Stromberg*-Spezialmarinade in eine große Schüssel geben. Rote und gelbe Paprika zuerst dazugeben und ca. 10 Minuten ziehen lassen.

3. Nun alle vorbereiteten Gemüse, Salate, Früchte und die Kräuter hinzugeben und mit der Marinade vermengen. Nach Wunsch mit etwas Öl würzen. Hervorragend passen Sesamöl, Nussöl, oder Kürbiskernöl.

4. Für die Calamari reichlich Rapsöl in einem hohen Topf erhitzen. Tintenfischringe waschen und trocken tupfen. Dann in Mehl wenden, abklopfen und portionsweise im heißen Öl goldbraun ausbacken. Nach ca. 3 Minuten mit einem Schöpflöffel aus dem Öl nehmen und auf Küchenpapier abtropfen lassen. Nach Bedarf mit Meersalz würzen.

4 PORTIONEN, 1 PORTION 552 kcal
EW 35 g, F 32 g, KH 26 g

Wenn man einen Spieler mit einem Berg Chopped Salad auf dem Teller sieht, ist es bestimmt Özil – sein Lieblingsessen Nr. 1.

MÖHREN-TRAUBEN-SALAT MIT WALNÜSSEN

ZUTATEN

240 g	Möhren
240 g	gelbe Möhren
4 EL	Olivenöl
4	Schalotten, geschält, längs halbiert und in Scheiben geschnitten
100 ml	Orangensaft
250 g	kernlose Trauben
40 g	Walnusskerne

ZUBEREITUNG

1. Beide Möhrensorten schälen und in feine, schräge Rauten schneiden. In einer beschichteten Pfanne Olivenöl heiß werden lassen, Schalotten zusammen mit den Möhrenscheiben darin andünsten. Anschließend mit 100 ml Wasser und Orangensaft ablöschen und bei mittlerer Hitze abgedeckt 3 – 5 Minuten köcheln lassen (Möhren sollten noch bissfest sein).

2. Trauben halbieren und mit den Walnüssen in die Pfanne geben, kurz durchschwenken und anschließend auf einem Teller anrichten.

4 PORTIONEN, 1 PORTION 249 kcal
EW 4 g, F 17 g, KH 19 g

OKTOPUSSALAT

ZUTATEN

1 kg	Oktopus (Krake), roh (ergibt ca. 700 g Fleisch)
½	Zwiebel, geschält
etwas	Meersalz
150 ml	Olivenöl
½	rote Paprika
½	gelbe Paprika
1	Schalotte
1	Knoblauchzehe
1–2	Rosmarinzweige
1	Zitrone, entsaftet
160 g	Staudensellerie, gewürfelt

4 PORTIONEN, 1 PORTION 501 kcal
EW 30 g, F 39 g, KH 4 g

ZUBEREITUNG

1. Den Oktopus in einem großen Kochtopf mit zunächst kaltem Wasser, etwas Meersalz und einer halbierten Zwiebel erhitzen und dann ca. 45 Minuten lang kochen. Mit dem Messer testen, ob er weich ist.

2. Danach mit kaltem Wasser abschrecken und in kleine, mundgerechte Stücke schneiden. Nach Belieben die Saugnäpfe mit einem Messer entfernen.

3. Olivenöl in einer Pfanne erhitzen. Rote und gelbe Paprika waschen, entkernen, in kleine Stücke schneiden, in die Pfanne geben und anschwitzen. Schalotte und Knoblauch schälen und in kleine Würfel schneiden. Rosmarinzweige fein schneiden. Nun alles zur Paprika in die Pfanne geben. Mit der Hälfte des Zitronensafts ablöschen.

4. Ca. 10 Minuten abgedeckt bei mittlerer Hitze köcheln lassen. Zum Schluss den Staudensellerie dazugeben und mit dem restlichen Zitronensaft ablöschen.

5. Den Oktopus in eine große Schüssel geben. Den Inhalt der Pfanne über den Oktopus geben und alles gut verrühren. Sofort servieren.

Völlig ohne Sauce – Manuel Neuer liebt unverfälschte Gerichte, und den Oktopussalat hier ganz besonders.

SOMMERROLLEN MIT ASIA-DIP

ZUTATEN

1	Salatgurke
150 g	Kohlrabi
½	Mango
1	Peperoni
3	Frühlingslauch-Stangen
1	Avocado
1 EL	Sesam, geröstet

MARINADE

2 EL	Agavendicksaft
½	Zitrone, entsaftet
1 EL	Sesamöl
1 EL	Fischsauce (Asialaden)

DIP

1	Knoblauchzehe
6 EL	Fischsauce
1 EL	Sesamöl
1	Limette, entsaftet
1 EL	Koriander
1 EL	Basilikum
16	Reispapierblätter, 16 cm Durchmesser

4 PORTIONEN, 1 PORTION 343 kcal
EW 6 g, F 17 g, KH 40 g

ZUBEREITUNG

1. Salatgurke schälen, halbieren, das Kerngehäuse mit einem Löffel entfernen, vierteln und in feine Rauten schneiden. Kohlrabi schälen und in sehr feine Streifen schneiden. Mango schälen, vom Kern befreien und in feine Rauten schneiden.

2. Peperoni waschen, halbieren, von den Kernen befreien und in sehr feine Scheiben schneiden. Etwa 2 TL davon für den Dip beiseitestellen.

3. Frühlingslauch waschen, unschöne Stellen entfernen und in feine Scheiben schneiden. Ca. 1/3 davon für den Dip beiseitestellen.

4. Avocado schälen, vom Kern befreien und das Fruchtfleisch in feine Würfel schneiden.

5. Sesam in einer Pfanne ohne Öl goldbraun rösten. Für die Dekoration ein wenig zur Seite stellen.

6. Für die Marinade Agavendicksaft, Zitronensaft, Sesamöl und Fischsauce in einer Schüssel gut miteinander verrühren.

7. Nun alle vorbereiteten Zutaten mit der Marinade gut vermischen.

8. Für den Dip die Knoblauchzehe schälen und sehr fein hacken. Knoblauch, beiseitegestellte Peperoni und Lauch, Fischsauce, Sesamöl und Limettensaft gut miteinander verrühren. Koriander und Basilikum waschen und grob hacken und zum Schluss dazugeben.

9. Reispapier ca. 10 Sekunden in eine Schüssel mit kaltem Wasser einlegen. Dann auf ein feuchtes Küchenbrett legen, die Masse längs darauflegen. Nun erst die beiden Seiten rechts und links hochkant einklappen, dann von unten zu einer schönen Rolle formen.

10. Zum Schluss mit etwas geröstetem Sesam garnieren.

EINFACH ZUM MITNEHMEN

Herrlich frisch und mit feiner asiatischer Würze schmecken die Sommerrollen kühl sehr gut. Ein perfekter Snack zum Mitnehmen.

PFANNENBROT MIT VIER DIPS

ZUTATEN

FÜR DAS PFANNENBROT

150 ml	warme Milch
25 g	Zucker
35 g	frische Hefe
500 g	Dinkelmehl
Prise	Meersalz
1 TL	Backpulver
2 EL	Olivenöl
150 g	Joghurt
1	Ei, leicht aufgeschlagen
	Curry
	schwarzer Sesam

FÜR DEN HUMMUS

400 g	Kichererbsen
6 EL	Olivenöl
2 TL	Paprikapulver edelsüß
2	Zitronen, entsaftet
2	Prisen Kümmel, gemahlen
2	Prisen Kurkuma, gemahlen
2	Knoblauchzehen, geschält
6 EL	Sesampaste
	Meersalz
10 g	Petersilie, frisch gehackt

FÜR DIE OLIVENTAPENADE

100 g	Oliven, schwarz, entsteint, sehr fein gehackt
¼	Chilischote, entkernt und klein gewürfelt
1 TL	Thymian
1 TL	Sesam
1 TL	Olivenöl
	Meersalz

ZUBEREITUNG

1. Für das Pfannenbrot Milch in eine Schüssel geben, einen halben EL vom Zucker und die Hefe einrühren. An einem warmen Ort ca. 20 Minuten ruhen lassen, bis die Hefe sich aufgelöst hat und die Mischung schaumig wird. Dinkelmehl in eine große Schüssel geben, Meersalz und Backpulver untermischen. Den restlichen Zucker, die Milch mit der Hefe, 2 EL Olivenöl, Joghurt sowie das leicht aufgeschlagene Ei zugeben. 10 Minuten lang gut durchkneten, bis der Teig glatt und geschmeidig ist. Etwas Olivenöl in eine Schüssel geben, die Teigkugel darin herumrollen. Die Schüssel mit einem feuchten Tuch bedecken und den Teig an einem warmen Ort 1 Stunde gehen lassen (bis er sich von der Menge her verdoppelt). Erneut durchkneten und der Pfannengröße nach teilen. Mit etwas Mehl den Teig zu einem 2–3 cm dicken Brot formen. Dieses dann in eine beschichtete, vorgeheizte Pfanne geben und von beiden Seiten 4–6 Minuten bei schwacher bis mittlerer Hitze backen. Während des Backens mit etwas Butter und Curry bestreichen, zum Schluss schwarzen Sesam daraufstreuen.

2. Für den Hummus alle Zutaten bis auf die Petersilie in einen Mixer geben oder mit dem Pürierstab pürieren. Anschließend die gehackte Petersilie unterheben und mit Meersalz abschmecken.

3. Für die Oliventapenade alle Zutaten in eine Schüssel geben und mit einem großen Löffel gut durchmengen.

4. Für den Muhammara-Dip alle Zutaten in einen Mixer geben und zu einer homogenen Masse mixen (bzw. mit einem Pürierstab mixen).

5. Für die Romesco-Sauce Zutaten in einen Mixer geben und zu einer homogenen Masse mixen. Alternativ mit einem Pürierstab mixen.

FÜR DEN MUHAMMARA-DIP

3	rote Paprika, im Backofen gegart und die Haut abgezogen
	Pfeffer, schwarz, frisch gemahlen
200 g	Walnüsse, halbiert
8	Zwieback
6 EL	Olivenöl
2	Knoblauchzehen, geschält
2 EL	Harissa
	Meersalz

FÜR DIE ROMESCO-SAUCE

5	rote Paprika, im Backofen gegart und die Haut abgezogen
5	Knoblauchzehen, geschält und in feine Würfel geschnitten
30 g	Mandeln ohne Haut
2	Chilischoten, entkernt
1 EL	Rotweinessig
1 EL	Olivenöl
	Meersalz,
	Pfeffer, schwarz, frisch gemahlen

GRISSINI

ZUTATEN

1 kg	Dinkelmehl
½ EL	Salz
160 g	Magerquark
130 ml	Olivenöl und etwas zum Einpinseln
360 ml	lauwarmes Wasser
½	Hefewürfel (21 g)
1 EL	Kurkuma

4 PORTIONEN, 1 PORTION 368 kcal
EW 13 g, F 13 g, KH 48 g

ZUBEREITUNG

1. Mehl, Salz, Magerquark und Olivenöl in eine Schüssel geben.

2. In einer separaten Schüssel Hefe im lauwarmen Wasser auflösen und Kurkuma hinzugeben. Das Hefe-Kurkuma-Gemisch dann zu den anderen Zutaten in die Schüssel geben und mit den Händen gut durchkneten, bis ein geschmeidiger Teig entsteht. Anschließend den Teig mit etwas Olivenöl einpinseln, die Teigschüssel mit Folie abdecken und an einem warmen Ort 2 – 3 Stunden gehen lassen.

3. Nach dem Ruhen den Teig in ca. 1 cm lange Streifen schneiden und mit beiden Händen längs zu Stangen rollen. Anschließend die Stangen auf ein mit Backpapier ausgelegtes Blech legen und bei 190 °C ca. 15 Minuten lang backen, bis sie eine goldene Farbe bekommen haben.

SCHWARZ-ROT-GOLD

Um verschiedenfarbige Grissinis zu erhalten, tauscht das Kurkuma gegen 1 EL Chiliflocken (ergibt rote Grissinis) oder 1 EL Sepiatinte (ergibt schwarze Grissinis).

ENERGIEBÄLLCHEN

ZUTATEN

115 g	Walnüsse
115 g	Haselnüsse
½ TL	Zimt, gemahlen
60 g	Lupinenmehl
2 EL	Kakao
1 Prise	Meersalz
1	Vanilleschote, ausgekratztes Mark
16	Datteln, entkernt und grob gehackt

ZUM GARNIEREN

2 EL	Goji-Beeren, fein gehackt
	Mandelmehl, bei Bedarf
2 EL	Kakao
2 EL	Chia- und Hanfsamen, geröstet
2 EL	Pistazien, fein gehackt

 **4 PORTIONEN, 1 PORTION 702 kcal**
EW 21 g, F 45 g, KH 48 g

ZUBEREITUNG

1. Wal- und Haselnüsse mit Zimt, Lupinenmehl, Kakao und einer Prise Meersalz in einer Küchenmaschine kuttern. Mark aus der Vanilleschote mit den Datteln zur Masse hinzugeben und alles erneut mixen. Bei Bedarf ein wenig Wasser hinzufügen. Anschließend aus der Masse gleichmäßige Pralinen formen.

2. Ummantelt werden die Energiebällchen mit Goji-Beeren, Hanf- und Chiasamen, Kakao oder Pistazien.

3. Für die Goji-Beeren-Ummantelung: Beeren in einer Küchenmaschine mixen. Bei Bedarf ein wenig Mandelmehl hinzugeben, damit die Masse trockener wird. Beeren in eine Schale geben, Energiebällchen dazugeben und damit gleichmäßig bedecken.

4. Für die Kakao-Ummantelung: Kakao in eine Schale geben, Energiebällchen dazugeben und damit gleichmäßig bedecken.

5. Für die Hanf- und Chiasamen-Ummantelung: Samen in einer beschichteten Pfanne kurz goldbraun anrösten, in eine Schale geben, Energiebällchen dazugeben und damit gleichmäßig bedecken.

6. Für die Pistazien-Ummantelung: Pistazien in eine Schale geben, Energiebällchen dazugeben und damit gleichmäßig bedecken.

Statt Schokoriegel – die verschiedenen Energiebällchen schmecken eines besser als das andere.

GRÜNKOHLSMOOTHIE „GRÜNE VERTEIDIGUNG"

ZUTATEN

½	Apfel, entkernt und in grobe Würfel geschnitten
120 g	Grünkohl, gewaschen und zerteilt
½	Limette, entsaftet
150 ml	Orangensaft
1 TL	Ingwer, geschält und in Würfel geschnitten
½	Banane, geschält und in Scheiben geschnitten
etwas	Koriander, gewaschen und grob geschnitten
300 g	Eiswürfel

ZUBEREITUNG

1. Alle Zutaten in einen Mixer geben und so lange pürieren, bis eine feine Masse entsteht.

2. Im Anschluss in ein großes Glas geben und sofort genießen.

4 PORTIONEN, 1 PORTION 56 kcal
EW 2 g, F 1 g, KH 10 g

Vitamin-C-Bombe für starke Abwehrkräfte!

VERGESSENE GEMÜSE

Kohl hält sich gut, daher hat man die verschiedenen Kohlsorten früher im Winter gern und viel gegessen. Seitdem man immer frische Waren zur Verfügung hat, ist der Kohl ein wenig in Vergessenheit geraten. Heute weiß man aber, wie gesund er ist. Grünkohl enthält 20-mal so viel Vitamin C wie Kiwis. Das stärkt die Abwehrkräfte!

SALATDRESSINGS DER NATIONALMANNSCHAFT

ZUTATEN

FÜR DAS GRUNDDRESSING

1	Eigelb oder 1 Msp. Xanthan
½ EL	Senf
1	Orange, entsaftet
	Salz & Pfeffer
1 EL	Honig
1	Schalotte oder Zwiebel, gehackt
200 ml	gute Brühe
1	Thymianzweig
100 ml	verschiedene Essigsorten (z.B. Balsamico, Apfelessig, Weißweinessig)
etwas	Worchestershiresauce
200 ml	Speiseöl gemischt (z.B. Olivenöl, Nussöl, Rapsöl, Leinöl oder Trüffelöl)
2 EL	Crème fraîche bzw. Sauerrahm

FÜR DAS CAESAR'S-DRESSING

200 ml	Grunddressing
1 EL	Kapern
3–4	Sardellenfilets
2 EL	Parmesan, frisch gerieben
	Knoblauch, gehackt
	Pfeffer, frisch gemahlen
80 g	Speckwürfel

FÜR DAS ORANGEN-INGWER-DRESSING

6 EL	Agavendicksaft
1	Ingwerscheibe, geschält und zerkleinert
1	Knoblauchzehe, geschält
1 Prise	Meersalz
½	Orange, entsaftet
½	Orangen, abegriebene Schale
¼	Peperoni gewaschen, mit Kernen!
300 ml	Getreideessig

FÜR DAS KURKUMA-DRESSING

1	Eigelb
½	kleine Zwiebel, geschält und fein gewürfelt
1 TL	Senf
100 ml	Geflügelbrühe
100 ml	Weißweinessig
250 ml	Traubenkernöl
1 EL	Crème fraîche
1 TL	Kurkuma (Gelbgewürz)
	Salz & Pfeffer

ZUBEREITUNG

1. Für das Grunddressing die Zwiebelwürfel mit der Brühe und den Thymianblättern zum kochen bringen und auf etwa die Hälfte auf kräftiger Flamme einkochen. Das Eigelb oder Xanthan, Senf, Orangensaft, Salz, Pfeffer und Honig in ein hohes Gefäß geben und mit einem Pürrierstab mixen. Die Brühe-Zwiebel-Reduktion, die Essige, Worchestershiresauce und Öle zugeben und wieder mixen. Mit Crème fraîche bzw. Sauerrahm, Salz und Pfeffer abschmecken und in einem Schraubglas kalt stellen. Kann selbst mit Ei zubereitet gekühlt mindestens eine Woche lang verwendet werden.

2. Für das Caesar's-Dressing das Grunddressing mit den Kapern, Sardellenfilets, dem geriebenen Parmesan und dem Knoblauch sehr fein mixen. Die Speckwürfel in einer beschichteten Pfanne ohne Fett auslassen und auf Küchenpapier geben. Mit Pfeffer abschmecken. Dressing und Speckwürfel auf Salat verteilen.

3. Für das Orangen-Ingwer-Dressing alle Zutaten bis auf den Getreideessig im Standrührgerät bzw. mit dem Stabmixer auf höchster Stufe mixen. Dann Essig hinzugeben und eine weitere Minute mixen. Eignet sich gut zu frischen Blattsalaten.

4. Für das Kurkuma-Dressing das Eigelb, die Zwiebel, den Senf und den Weißweinessig verrühren, das Öl langsam unter ständigem Rühren hinzufügen. Die Crème fraîche und die Geflügelbrühe dazugeben. Kurkuma mit 1 EL Öl kurz in einem kleinem Stieltopf anschwitzen und unter die Masse rühren. Mit Salz und frisch geriebenem Pfeffer abschmecken.

GRUNDDRESSING
339 kcal à 100 g
EW 22 g, F 44 g, KH 36 g

CAESAR'S DRESSING
390 kcal à 100 g
EW 7 g, F 36 g, KH 7 g

ORANGEN-INGWER-DRESSING
49 kcal à 100 g
EW – g, F – g, KH 2 g

KURKUMA-DRESSING
486 kcal à 100 g
EW 2 g, F 51 g, KH 1 g

TEAMSAUCE

ZUTATEN

270 g	Blumenkohl
85 g	Zwiebeln
2 EL	Olivenöl
½	Knoblauchzehe, geschält
600 ml	Geflügelbrühe
40 g	Mandelmehl
1 Prise	Meersalz

102 kcal à 100 g
EW 5 g, F 8 g, KH 2 g

ZUBEREITUNG

1. Blumenkohl waschen, in Röschen teilen und fein schneiden. Strunk ebenfalls fein schneiden. Zwiebeln schälen und in feine Würfel schneiden.

2. Olivenöl in einer beschichteten Pfanne erhitzen. Blumenkohl, Zwiebelwürfel und die halbe Knoblauchzehe in die Pfanne geben und ca. 5 Minuten andünsten. Anschließend mit der Geflügelbrühe ablöschen. Mandelmehl dazugeben und die Sauce weitere 10 – 15 Minuten kochen. Danach mit dem Stabmixer pürieren. Nach Belieben mit etwas Meersalz abschmecken.

WANDELFÄHIGE BASISSAUCE

Die Teamsauce ist eine perfekte Basissauce für viele Gerichte, die mit hellen Saucen gereicht werden. Man kann sie ganz leicht lecker abwandeln und als Trüffel-, Walnuss-, Schnittlauchsauce usw. verwenden, da sie ohne Sahne und Alkohol, nicht fett und bei Verwendung von Gemüsebrühe statt Hühnerbrühe sogar vegan ist. Sie ist auch die Grundlage für die Spaghetti Carbonara für Gewinner auf S. 88.

SWEET-CHILI-SAUCE MIT DATTELN

ZUTATEN

1	Peperoni
2	rote Paprika
30 g	Ingwer
7	Datteln
2	Limetten, entsaftet
½	Orange, entsaftet
1	Knoblauchzehe
1 Prise	Kurkumapulver

81 kcal à 125 g
EW 2 g, F 0,5 g, KH 16 g

ZUBEREITUNG

1. Peperoni und Paprika waschen, entkernen und grob schneiden. Ingwer schälen, grob hacken. Datteln ebenfalls hacken. Limetten und die Orange entsaften. Knoblauchzehe schälen. Nun alle Zutaten zusammen in einen Mixer geben und zu einer homogenen Masse verrühren. Zum Schluss eine Prise Kurkumapulver hinzugeben.

ZEIT ZUM DURCHZIEHEN LASSEN

Die Sauce zwei bis drei Wochen im Kühlschrank lagern, damit sie geschmacklich gut durchziehen kann. Sie ist ein perfekter Ersatz für Produkte aus dem Supermarkt – und einfach viel leckerer!

GINKGO-EISTEE

ZUTATEN

2 EL	Ginkgo-Blätter bzw. Ginkgo-Tee (Teegeschäft oder Reformhaus)
300 ml	Wasser
	Agavendicksaft, Ahornsirup, Rohrzucker oder Honig zum Süßen
2	Limetten, (1 entsaftet, 1 in Würfel geschnitten)
2	Zitronengrasstängel
	Eiswürfel

 4 PORTIONEN, 1 PORTION 17 kcal
EW – g, F – g, KH 4 g

ZUBEREITUNG

1. Aus Wasser und Ginkgo-Blättern einen Tee brühen, 10 Minuten ziehen lassen und die Blätter bzw. das Teesieb wieder entfernen. Tee anschließend abkühlen lassen.

2. Tee nach Geschmack mit Agavendicksaft süßen. Alternativ kann auch Honig, Ahornsirup oder Rohrzucker verwendet werden. Den Saft einer Limette ausdrücken und den Tee damit säuern. Die andere Limette in Würfel schneiden und in die Gläser verteilen. Zitronengrasstängel längs halbieren und die äußerste Schicht entfernen. Die Länge so zuschneiden, dass das Zitronengras sowohl zum Umrühren und als Würze als auch als Deko im Glas funktioniert.

3. Die Gläser mit den Limettenstücken und den Eiswürfeln füllen und den Tee darübergießen. Mit dem Zitronengras umrühren. Wer möchte, gibt noch einen Schuss Sprudel oder Sodawasser hinzu.

Unser Ritual am Spieltag: Ginkgo-Eistee als Pre-Match-Snack zur Kaffeetafel.

DESSERTS UND KUCHEN

Ist Süßes nicht ungesund? Nein! Wir wollen nicht behaupten, dass Süßes und Fetthaltiges fit macht. Aber auch diese Leckereien enthalten Nährstoffe, die ein Sportler brauchen kann. Wer also einmal am Tag eine Süßigkeit ist, schadet sich nicht, und manche Kleinigkeit eignet sich auch gut zur Sofortauffüllung der Kohlenhydratspeicher, z. B. in der Kabine. Es gilt wie immer: Es kommt auf die Dosis an.

BUCHWEIZENKUCHEN

ZUTATEN

200 g	Butter
200 g	Rohrzucker
5	Eier
200 g	Haselnüsse, gemahlen
200 g	Buchweizenmehl
1 TL	Backpulver
	Puderzucker zum Bestäuben

12 STÜCKE, 1 STÜCK 359 kcal
EW 5 g, F 28 g, KH 20 g

ZUBEREITUNG

1. Butter und Rohrzucker mit einem Rührgerät zu einer schaumigen Masse rühren. Anschließend die Eier zugeben. Nun nach und nach Haselnüsse, Buchweizenmehl sowie das Backpulver einrühren.

2. Den Teig in eine gefettete und mit Mehl gestaubte Kastenform geben und bei 180 °C ca. 45 Minuten backen.

3. Buchweizenkuchen auskühlen lassen, aus der Form nehmen, mit Puderzucker bestäuben, in Scheiben schneiden und servieren.

KEINE PROBLEME MIT GLUTEN

Dieser Kuchen eignet sich auch für Menschen, die Gluten meiden müssen oder möchten (siehe auch S. 14).

MARMORKUCHEN

ZUTATEN

250 g	Butter
250 g	Vollrohrzucker und 2 EL für den Schokoteig
3	Eier
1 Prise	Meersalz
1	Vanilleschote, ausgekratztes Mark
125 ml	Milch
200 g	Dinkelmehl
200 g	Dinkelvollkornmehl
1	Päckchen Backpulver
2 EL	Kakao

ZUBEREITUNG

1. Butter und Zucker in einer Schüssel mit einem Handrührgerät schaumig schlagen und langsam die Eier, Salz und das Vanillemark unterrühren. Danach Milch, Dinkelmehl, Dinkelvollkornmehl und Backpulver unterheben, bis der Teig schwer vom Löffel fällt.

2. Zwei Drittel des Teiges in eine gefettete Backform (z. B. Gugelhupf, Kastenform etc.) geben. Restlichen Teig in einer Schüssel mit 2 EL Kakao, 2 EL Zucker und eventuell etwas Milch verrühren und auf den hellen Teig in die Backform geben. Mit einer Gabel von oben in den Teig stechen und beim Herausziehen die Gabel drehen, so entsteht im Teig die charakteristische Marmorierung. Den Kuchen im vorgeheizten Ofen bei 180 °C (Umluft) ca. 45 Minuten backen.

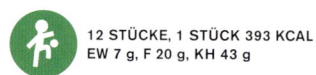

12 STÜCKE, 1 STÜCK 393 KCAL
EW 7 g, F 20 g, KH 43 g

Diesen beliebten Standardkuchen gibt es manchmal sogar als Snack in der Kabine.

STROMBERG*S
APFEL-BLAUBEER-CLAFOUTIS

ZUTATEN

5	Äpfel (Braeburn)
½	Zitrone, entsaftet
125 g	Blaubeeren, frisch
120 g	Vollrohrzucker
2	Eier
100 g	Butter, flüssig
1	Vanilleschote, ausgekratztes Mark
100 g	Dinkelmehl
1 TL	Backpulver
100 ml	Milch
	Puderzucker zum Bestäuben

ZUBEREITUNG

1. Äpfel schälen, Kerngehäuse entfernen, in Scheiben schneiden und mit Zitrone beträufeln. Blaubeeren waschen und abtupfen.

2. Den Vollrohrzucker und die Eier in einer Schüssel schaumig schlagen und die flüssige Butter sowie das Vanillemark einrühren. Dinkelmehl und Backpulver vorsichtig unterheben, die Milch zugeben und nochmals gut aufschlagen.

3. Den Teig in eine große Backform oder mehrere kleine Backförmchen geben, mit den Äpfeln und den Blaubeeren belegen und bei 180 °C ca. 40 Minuten im vorgeheizten Ofen backen.

4. Den fertigen Clafoutis in Stücke schneiden oder direkt aus der Form herauslöffeln. Nach Belieben mit Puderzucker bestäuben.

4 PORTIONEN, 1 PORTION 574 kcal
EW 9 g, F 26 g, KH 74 g

CLAFOUTIS

Clafoutis stammt aus Frankreich und ist eine Art Mittelding zwischen Auflauf und Pfannenkuchen. In Frankreich wird er traditionell häufig mit Kirschen gebacken, aber auch viele andere Früchte eignen sich für den Teig sehr gut.

SCHOKO-KOKOS-KEKSE

ZUTATEN

90 g	Mandelmehl
30 g	Kokosmehl
1 TL	Backpulver
½ TL	Meersalz
1 Prise	Zimt, gemahlen
60 g	Butter, geschmolzen oder Kokosöl
60 g	Ahornsirup
1 TL	Vanillemark
120 g	dunkle Schokolade, klein gehackt

4 PORTIONEN, 1 PORTION 505 kcal
EW 7 g, F 40 g, KH 26 g

ZUBEREITUNG

1. Den Ofen auf 170 °C vorheizen. Ein Backblech mit Backpapier auslegen.

2. In einer Schüssel Mandel- und Kokosmehl, Backpulver, Meersalz und Zimt miteinander verrühren. Die geschmolzene Butter (oder Kokosöl), Ahornsirup und Vanillemark dazugeben und gut mit einem Kochlöffel verrühren. Nun die Schokolade dazugeben und gut verrühren.

3. Den Teig danach ca. 10 Minuten im Kühlschrank ruhen lassen. Anschließend mit einem Löffel kleine Häufchen formen und mit ausreichend Platz zwischen den Häufchen auf das Backblech geben.

4. Ca. 8 – 10 Minuten backen, bis die Kekse goldbraun sind. Danach auf dem Backblech auskühlen lassen, dann das Backpapier mit den Keksen vom Blech ziehen und ganz auskühlen lassen. Die Kekse sind zunächst noch weich und werden nach dem Auskühlen fest.

CRÊPES MIT RHABARBER

ZUTATEN

30 g	Butter
250 ml	Milch
250 ml	Sahne
150 g	Dinkelmehl
4	Eier
30 g	Zucker
¼	Vanilleschote, ausgekratztes Mark
½	Limone, abgeriebene Schale
1 Prise	Meersalz
400 g	Rhabarber, frisch
3 EL	Honig

4 PORTIONEN, 1 PORTION 598 kcal
EW 16 g, F 35 g, KH 51 g

ZUBEREITUNG

1. Für die Crêpes Butter in einem Kochtopf vorsichtig erhitzen und so lange köcheln lassen, bis diese sich leicht bräunlich färbt. So entsteht eine sogenannte Nussbutter.

2. Nun alle übrigen Zutaten, außer dem Rhabarber und dem Honig, samt der Nussbutter zu einem glatten Teig verrühren.

3. Eine teflonbeschichtete Pfanne erhitzen, eine kleine Schöpfkelle Teig in die Pfanne gießen und die Pfanne dabei in der Hand kreisen lassen, damit der Teig gleichmäßig verläuft und ein dünner Pfannkuchen entsteht. So lange bei mittlerer Hitze auf dem Herd lassen, bis der Teig auf der Oberseite stockt, dann wenden und die zweite Seite kurz backen.

4. Crêpes aus der Pfanne nehmen und im Backofen warm halten.

5. Rhabarber gründlich waschen und in 8 – 10 cm lange Stücke schneiden. Auf ein mit Backpapier ausgelegtes Backblech geben, mit dem Honig glasieren, anschließend bei 175 °C ca. 10 – 12 Minuten im Backofen karamellisieren lassen.

6. Den Rhabarber auf den Teller geben, die Crêpes einrollen und auf den Rhabarber legen. Nach Belieben mit Rahmeis servieren.

Süße Crêpes lieben die Spieler, mit fantasievollen Geschmackskombinationen wie hier oder einfach mit – Nutella!

LORBEER-SCHOKO-SUPPE MIT CURRYKEKS & GELBEN FRÜCHTEN

ZUTATEN

FÜR DEN TEIG

130 g	Butter, warm
100 g	Zucker
1 Prise	Meersalz
⅓ TL	Kurkumapulver
⅓ TL	Madras-Currypulver
1 Prise	Vanille, gemahlen
1	Eigelb
250 g	Mehl

FÜR DIE LORBEER-SCHOKO-SUPPE

10	Lorbeerblätter, frisch
150 ml	Sahne
100 g	weiße Kuvertüre, klein gehackt
20 g	Butter, warm

FÜR DIE FRÜCHTE

150 g	Ananas
150 g	Mango
20 g	Zucker
30 ml	Apfelsaft
½ TL	Maisstärke
¼	Chilischote
½	Vanilleschote, ausgekratztes Mark
1	Passionsfrucht, Fruchtmark

ZUBEREITUNG

1. Butter schaumig schlagen. Anschließend Zucker, Meersalz, Kurkuma- und Currypulver, Vanille und das Eigelb unterrühren. Zum Schluss Mehl dazugeben und den Teig von Hand kneten, bis eine gleichmäßige Masse entsteht. Nicht zu lange kneten, sonst wird der Teig brandig. Teig in Klarsichtfolie wickeln und 1 Stunde kühl stellen.

2. Backofen auf 160 °C vorheizen.

3. Teig nach einer Stunde ca. 5 mm dick ausrollen, 3 cm große Kreise ausstechen und vorsichtig auf ein mit Backpapier ausgelegtes Backblech legen. Im Ofen ca. 6 Minuten hellgelb backen und anschließend auskühlen lassen.

4. Für die Lorbeer-Schoko-Suppe Lorbeerblätter zerreißen und in einem Topf mit der Sahne aufkochen. Danach vom Herd nehmen und ca. 10 Minuten ziehen lassen. Anschließend die Sahne durch ein Sieb in eine Schüssel mit der klein gehackten Kuvertüre gießen. Warme Butter dazugeben und alles gut miteinander verrühren.

5. Für die Früchte Ananas und Mango schälen und in kleine Würfel schneiden. Den Zucker in einem Topf bei mittlerer Hitze karamellisieren lassen. Mit dem Apfelsaft ablöschen und mit Maisstärke abbinden.

6. Chilischote halbieren, entkernen und in den Topf mit dem Zucker geben. Das Vanillemark herauskratzen, ebenfalls in den Topf geben und kurz mitköcheln lassen. Zum Schluss die Ananas- und Mangostücke sowie das Passionsfruchtmark vorsichtig unterheben, alles nochmals kurz aufkochen lassen.

7. Lorbeer-Schoko-Suppe in einen Teller geben, den Currykeks in die Mitte und die gelben Früchte auf den Keks geben.

4 PORTIONEN, 1 PORTION 956 kcal
EW 11 g, F 53 g, KH 102 g

SÜSSE RAVIOLI

ZUTATEN

FÜR DEN TEIG

280 g	Dinkelmehl
60 g	Kakao
3	Eier
80 ml	Wasser

FÜR DIE FÜLLUNG

500 g	Ricotta
4 EL	Mandeln, gemahlen
1	Zitrone, abgeriebene Schale
2	Spritzer Zitronensaft
	Mehl zum Bestäuben
2 EL	Butter
	Puderzucker

4 PORTIONEN, 1 PORTION 643 kcal
EW 34 g, F 29 g, KH 56 g

ZUBEREITUNG

1. Dinkelmehl, Kakao, Eier und Wasser in eine Schüssel geben und mit einem Handrührgerät gut durchmengen. Anschließend den Teig noch einmal mit den Händen gut durchkneten, zu einer Kugel formen, in Klarsichtfolie wickeln und ca. 45 Minuten im Kühlschrank ruhen lassen.

2. Nach dem Ruhen den Teig in ca. 2 cm lange Stücke schneiden und mit einer Nudelmaschine bzw. einem Nudelholz hauchdünn ausrollen.

3. Teig auf einem Ravioliformer längs auslegen, die Hohlräume leicht eindrücken für die Füllung; hierbei aufpassen, dass der Teig nicht reißt.

4. In einer separaten Schüssel Ricotta mit den Mandeln, Zitronenabrieb und Zitronensaft vermengen.

5. Mit einem Teelöffel ein wenig von der Masse in die Hohlräume der Ravioli geben, die zweite Schicht des dünnen, ausgerollten Teigs darüberlegen und an den Rändern leicht andrücken. Es darf keine Füllung an den Seiten austreten.

6. Den Ravioliformer nun auf die andere Seite drehen, sodass die Form nach oben zeigt. Vorsichtig die Form von den Ravioli trennen und die einzelnen Nudeltaschen trennen. Mit ein wenig Mehl bestäuben und zur Seite legen.

7. Diesen Vorgang so lange wiederholen, bis der Teig aufgebraucht ist.

8. In einem großen Topf Wasser aufkochen, die Ravioli ins Wasser geben und 2 – 3 Minuten ziehen lassen.

9. Butter in einer Pfanne zum Schmelzen bringen und die Ravioli darin kurz durchschwenken. Ravioli auf einem Teller anrichten und mit Puderzucker bestreuen. Gegebenenfalls mit einer Kugel cremigem Vanilleeis oder frischen Beeren servieren.

ERDBEER-WALNUSS-TRIFLE

ZUTATEN

150 g	Walnüsse
1 Msp.	Zimt, gemahlen
1 EL	Puderzucker
2	Vanilleschoten, ausgekratztes Mark
500 g	Magerquark
1 TL	Agavendicksaft
150 g	Erdbeeren, gewaschen
½	Zitrone, entsaftet
1 TL	Puderzucker
1 TL	Hanfsamen

ZUBEREITUNG

1. Walnüsse mit Zimt und Puderzucker in einer Schüssel vermengen. Auf ein mit Backpapier ausgelegtes Blech geben und bei 180 °C ca. 5 Minuten im Ofen backen. Auskühlen lassen und anschließend grob hacken.

2. Mark aus den Vanilleschoten mit dem Quark und dem Agavendicksaft vermengen. Erdbeeren in kleine Würfel schneiden und mit dem Zitronensaft und dem Puderzucker vermischen.

3. Hanfsamen in einer beschichteten Pfanne ohne Öl kurz anrösten.

4. Nun zuerst die Erdbeerwürfel, dann die Quarkmasse und anschließend die gehackten Walnüsse schichtweise in kleine Einmachgläser füllen. Zum Abschluss die gerösteten Hanfsamen darüberstreuen.

4 PORTIONEN, 1 PORTION 405 kcal
EW 24 g, F 25 g, KH 18 g

VIELSEITIG EINSETZBAR

Der leckere Trifle eignet sich auch perfekt als kleines Frühstück und ist in den Gläsern verpackt leicht überall hin mitzunehmen.

GRIESSPUDDING „SPIELTAG"

ZUTATEN

1,4 l	Milch
40 g	Butter
45 g	Vollrohrzucker
1 Prise	Meersalz
1	Zitrone, abgeriebene Schale
1	Vanilleschote, ausgekratztes Mark
140 g	Dinkelgrieß
½	Zimtstange

4 PORTIONEN, 1 PORTION 473 kcal
EW 15 g, F 21 g, KH 52 g

ZUBEREITUNG

1. Milch, Butter, Zucker, Meersalz, Zitronenabrieb und Vanillemark in einem Topf aufkochen. Dinkelgrieß langsam einrühren und ca. 1 Minute leicht köcheln lassen.

2. Anschließend den Topf vom Herd nehmen und 10 Minuten quellen lassen. Nach Belieben mit Zimt und Zucker bestreuen und warm servieren.

Wenn er gerade keinen Chopped Salad auf dem Teller hat, dann wahrscheinlich den Grießpudding – Özils Lieblingsessen Nr. 2.

MANGO-ROSENBLÜTEN-EIS

ZUTATEN

250 g	Mango, geschält, entkernt und in Würfel geschnitten
50 ml	Agavendicksaft
125 ml	Sahne
1 KL	Rosenblüten, fein gehackt
4 EL	Hanfsamen

4 PORTIONEN, 1 PORTION 240 kcal
EW 5 g, F 15 g, KH 19 g

ZUBEREITUNG

1. Mangowürfel vorbereiten und über Nacht einfrieren. Kurz vor dem Servieren alle Zutaten außer den Hanfsamen in einen Cutter (Küchenmaschine mit Messereinsatz) geben und alles auf höchster Stufe zerkleinern.

2. Hanfsamen in einer beschichteten Pfanne ohne Öl kurz anrösten.

3. Mangoeisnocken mit einem großen Löffel bzw. Eislöffel ausstechen und mit den Hanfsamen obenauf servieren.

BASILIKUM-SORBET

ZUTATEN

180 g	Basilikumblätter
8 EL	Limettensaft
300 g	Crushed Ice
100 ml	kaltes Wasser
150 ml	Agavendicksaft

4 PORTIONEN, 1 PORTION 138 kcal
EW 2 g, F – g, KH 31 g

ZUBEREITUNG

1. Alle Zutaten zusammen in einem Standmixer mixen, mit einem Eislöffel Nocken ausstechen und z. B. in einem Cocktailglas servieren.

2. Bei Bedarf noch mit frischen Basilikumblättern garnieren.

WINTERLICHER PUNSCH

ZUTATEN

500 ml	Apfelsaft
500 ml	Granatapfelsaft
1	Orangen, abgeriebene Schale
1	Zitrone, abgeriebene Schale
1	Zimtstange
3	Nelken
4	Kardamomkapseln
3	Pimentkörner
6	Pfefferkörner, grob gestoßen
6	Ingwerstücke, grob gestoßen
4	Teebeutel, Schwarztee
2–3	Teefilter

4 PORTIONEN, 1 PORTION 163 kcal
EW 1 g, F 1 g, KH 37 g

ZUBEREITUNG

1. Apfel- und Granatapfelsaft in einen Topf geben und mit der Orangen- und Zitronenschale kurz aufkochen lassen.

2. Alle Gewürze in ein Teefilter füllen und gut verknoten bzw. zubinden. Anschließend das Gewürzsäckchen zum Saft geben. Alles nochmals kurz aufkochen und 10 Minuten bei kleiner Hitze ziehen lassen damit die Gewürze sich entfalten können.

3. Den fertigen Punsch in Gläser füllen.

FLÜSSIGKEIT IM WINTER

Der Punsch wird bei der Nationalmannschaft eingesetzt, wenn es wirklich kalt ist, also im Winter oder bei Reisen in kalte Regionen. Wer als Trainer dafür sorgen will, dass seine Spieler genug Flüssigkeit trinken und sich zugleich etwas wärmen können, sollte so einen Punsch in der Kabine dabei haben.

REGISTER

Rezeptnamen sind **fett** gedruckt.

REGISTER

ZUM LESEN

Holger Stromberg
Pure Cooking.
240 Seiten
ISBN 978-3-89910-526-1

Holger Stromberg
Iss einfach gut!
Das Prinzip Nahrungskette –
einfach und pragmatisch erklärt.
240 Seiten
ISBN 978-3-942772-50-1

Kölner Liste –
eine Liste von Nahrungsmitteln mit
minimiertem Doping-Risko.
www.koelnerliste.com

DANKE!

Es ist vollbracht! Mein neues Buch ist fertig, und jetzt ist es an der Zeit, Danke zu sagen.

Danken möchte ich an erster Stelle dem Deutschen Fußball-Bund e.V., der Sportlichen Leitung der A-Nationalmannschaft sowie meinen Betreuerkollegen für das mir stets entgegengebrachte und von großer Menschlichkeit geprägte Vertrauen.

Größter Dank geht an die Spieler, die von der ersten Stunde meiner Arbeit an offen und aufgeschlossen waren für Neues, für Veränderungen und für meine Überzeugung und Art zu kochen, die sich ihre kulinarische Begeisterungsfähigkeit und ihren Wissensdurst für gesunde und genussvolle Küche in all den Jahren bewahrt haben und die mich mit ihrer Freude und Lust am Essen bis heute motivieren, meinen Weg weiter zu gehen.

Ein besonderes Dankeschön an meine langjährige Freundin Heike Dahl, die mit ihrer Empfehlung und Reservierung in meinem Lokal überhaupt erst dafür gesorgt hat, dass Oliver Bierhoff mich 2006 kennenlernte.

Mein herzlichster Dank gebührt meiner Mannschaft, die trotz der Tatsache, dass sie durch und dank Länderspiele & Co. im Durchschnitt 100-mal im Jahr auf ihren Chef verzichten muss, das Unternehmen STROMBERG* stetig auf der Erfolgsspur verteidigt und hält. Ihr alle seid STROMBERG*!

Meine Liebe und mein Dank gilt meiner Familie, die sich nicht beschwert, wenn ich einmal wieder zu wenig Zeit habe, die mich bedingungslos unterstützt und mich meinen Traum leben lässt.

IMPRESSUM

Edel Books
Ein Verlag der Edel Germany GmbH

Copyright © 2014 Edel Germany GmbH,
Neumühlen 17, 22763 Hamburg
www.edel.com
1. Auflage 2014

© 2014, DFB
Offizielles Lizenzprodukt des DFB
hergestellt durch Edel

Texte: Holger Stromberg mit
Anna Cavelius und Ulrike Schöber

Rezepte: Holger Stromberg
Foodfotos: Reiner Schmitz

Projektkoordination:
Constanze Gölz

Satz, Redaktion und Lektorat:
bookwise medienproduktion GmbH

Coverfoto: Paul Ripke
Coverfoto hinten:
LuchtPomp / photocase.com

Fotos im Innenteil: Seite 8: Getty Images;
Seite 11: Imago / Elbner 2013; Seite 12:
2013 Getty Images; Seite 15: Imago /
Avanti; Seite 18: Imago / Avanti; Seite 20:
Michael Agel; Seite 22: DFB; Seite 24:
Imago / Revierfoto; Seite 28: Imago / Team
2; Seite 33: Getty Images; Seite 34/35:
Michael Agel; Seite 39: Imago / Moritz
Müller; Seite 40: Michael Agel; Seite 42:
Imago / Lackovic; Seite 45: Bongarts /
Getty Images; Seite 46/47: Michael Agel

Layoutentwurf und Umschlaggestaltung:
Groothuis. Gesellschaft der Ideen und
Passionen mbH | www.groothuis.de

Druck und Bindung:
optimal media GmbH,
Glienholzweg 7
17207 Röbel / Müritz

Alle Rechte vorbehalten. All rights
reserved. Das Werk darf – auch
teilweise – nur mit Genehmigung des
Verlages wiedergegeben werden.

Printed in Germany

ISBN 978-3-8419-0272-6